몽블랑
하늘로 가는 길목

몽블랑
하늘로 가는 길목

마터호른과 몽블랑, 함께 끝까지 걷는 길

글·이필형
사진·이필형 김종철 채문식

실크로드
silkroad

우리가 얻고자 하는 단 한 가지 지혜는

겸손의 지혜뿐이다.

겸손은 끝이 없다.

– 엘리어트

PROLOGUE

우리는 끝까지 함께 걸었다

2019년 5월 어느 날 전화가 울렸다. 최승관 형이었다. 형은 "몽블랑 가자" 그리고 마터호른도… 마터호른은 내게 매혹적인 제안이었다. 망설임 없이 "네, 가시죠!" 답을 해놓고 정말 행복했다. 마침 그때는 내 삶의 주변에서 상처가 생기고, 흉터는 아물지 않고, 시간도 그럭저럭 흐르고 있었다.

4년 선배인 형과는 안나푸르나 트레킹을 통해 처음 만났다. 안나푸르나는 우리에게 특별한 경험을 주었다. 힘이 있어도 걷기 힘든 체험을 통해 어떻게 해서든 빨리 끝내고 싶었던 간절함을 함께했던 형이었다.

네팔 카트만두에서 마지막 밤을 보내면서 형과 나눈 이야기가 떠올랐다. "우리 또다시 걸을 수 있을까?" 형이 물었다. "여행 뒤에 또 여행이고, 무엇인가는 해야 하니까요?"라고 답했던 기억이 났다.

우리는 대부분 은퇴자의 삶을 살고 있었다. 물론 현직에 계신 분도 있었다. 그러나 대부분은 60대 중반을 넘어섰다. 은퇴 후의 일상성 속에서 하루하루를 살고 있는 60~70대였다.

세상의 평범함 속에 삶의 바퀴를 잘 굴리는 사람들 가운데 하나였다. 그런 우리들이 일상을 벗어나 프랑스, 이탈리아, 스위스에 걸쳐 있는 몽블랑TMB과 스위스와 이탈리아의 국경을 가르고 있는 알프스의 3대 미봉인 마터호른을 향해 나섰다.

유럽인들의 꿈의 산인 마터호른Matterhorn, 4478m은 우리들의 인생의 산이 되었다. "우리 모두 마터호른을 다시 올 수 있을까?" 하면서 마터호른의 깊은 매력에 빠져 들었다.

그리고 몽블랑Mont-Blanc TMB는 해발 960m에서 2600m를 오르고 내리기를 반복했다. 총 160km를 걷는 산악트레일이었다. 프랑스, 이탈리아, 스위스 3개국의 국경을 넘나들었다.

누군가는 TMB를 "매일 지리산을 오르락 내리락 한다."고 비유했다. 고도차가 1000m였다. 해발 3000m는 고산증 증후군도 나타나는 경계선이었다. 우리 60대에게는 체력적 한계도 중요한 요소였다.

처음에는 단순한 여행이고 걷기였으나 이윽고 마터호른의 원시성과 몽블랑의 따뜻한 아름다움에 매료되었다. 저녁 어스름이 몰려올 때면 뚜렷한 윤곽으로 보이는 풍경의 깊이에 압도되면서도 내가 어디에 있는가 찾는 모습을 보았다.

걷기는 물론 감옥 아닌 감옥일 수 있었다. 한발을 내딛으면 돌아오지 않는 한 끝까지 가야 했다. 우리는 끝까지 가는 길을 선택하였다. 온전히 우리들만의 의사로 그곳을 걸었다.

나는 마터호른과 몽블랑에서 돌아온 뒤 죽음보다 깊은 잠에 빠져 버렸다. 도무지 쏟아지는 잠을 주체할 수가 없었다.

그러다 어느날 밤 잠에서 깨었다. 주변이 너무나 신비스러웠다. 나는 깊은 어둠 속에 누운 미라처럼 느껴졌다. 벽에는 천마총처럼 말들이 뛰어놀고 있었다. 천장도 높이 떠 있었다. 잠결에 참으로 당황스러웠다.

주변은 컴컴했다. 밤의 실루엣 사이로 몽환적 분위기가 이어졌다. 일어나 다시 걸어야지 하면서 카메라와 배낭을 챙기려고, 머리맡을 주섬주섬 더듬었다. 무언가 이상하였다. 몸을 추스리고, 눈을 비볐다. 다시 한번 주변을 유심히 바라보았다. 어딘가 낯설지 않은 모습들이었다. 눈이 어둠에 익숙해지자 깜짝 놀랐다.

나의 집 거실이었다. 오랫동안 거실에서 꼿꼿하게 앉아 있었다. 나의 가슴 속에 새겨진 몽블랑 환상이 떠나지 않았다. 이번 마터호른과 몽블랑 걷기는 내 육신과 영혼에 커다란 충격이었다.

프랑스, 이탈리아, 스위스라는 나라들의 이질적이면서도 공통된 정서가 걸을수록 깊게 느껴졌다. 그들의 삶의 방식과 향기와 행복이 다가왔다. 3개국 국경을 넘어가면서 만난 인간적 향기가 강렬하였다.

우리는 10일에서 15일 동안 고락을 함께 하면서 자신의 한계들을 하루하루 높여갔다. 몽블랑에서 함께 시간을 보냈고, 함께 먹었고, 함께 즐겼다.

그리고 이번 마터호른과 몽블랑 트레킹은 아래와 같은 목표를 두었다.

첫째, 서두르지 않는다.

둘째, 내 모습 그대로 걷는다.

셋째, 몽블랑과 마터호른에 푹 빠져 지낸다.

그렇게 걸으면서 또 다른 나를 만나고, 또 다른 나를 극복하고, 또 다른 시간을 가졌다. 그리고 우리는 끝까지 함께 걸었다.

이 필 형

CONTENTS

02

03

01

MATTERHORN

마터호른

우리 또다시 볼 수 있을까?

어느덧 우리들의 허름한 수다가 사라졌다.

우리들은 마터호른의 아득한 심연 같은 위엄에

조용히 숨을 죽였다.

마터호른과 몽블랑 트레킹 준비

마터호른과 몽블랑 트레킹을 위해 새로운 도전장을 던지기로 하였다. 마터호른과 몽블랑으로 향하는 행군의 열정을 펼치는 준비작업에 들어갔다. 준비물은 우선 개인용품과 식량 및 의류와 장비로 분류하였다. 칫솔 등 일용품은 별문제가 없었다. 선글라스는 알프스 고산지대의 특성을 고려하여 두 개를 준비했다. 식량은 비용을 고려하여 점심은 현지식과 라면, 비상식량을 준비하였다.

의복은 7월이었으나 고산지대 특성을 고려했다. 아침은 봄, 정오는 여름, 저녁은 가을, 밤은 겨울의 사정을 감안하였다. 잠자리는 현지 사정에 대한 정보가 부족하여 라이너를 준비하였다. 라이너는 이불이 불결하면 대비하여 속옷처럼 둘러 입는 홑이불 대용이다. 그러나 현지에서 부딪혀 보니 숙소와 잠자리, 이불 등이 생각보다 깨끗하여 라이너 사용을 하지 않았다.

바람막이는 우비와 겸용으로 준비하였고, 아침이나 고산지대에서 유용하여 한밤중 별자리 사진을 촬영하러 나올 때 사용하였다. 빙하지대나 얼음동굴 및 만년설 체험 등에는 고어텍스 봄·가을용과 패딩을 유용하게 사용할 수 있다.

걷기 준비

2개월 동안 체력훈련 계획표를 마련했다. 일주일에 2일을 기초체력 다지기에 할애했다. 팀에서 준비한 덕유산 걷기는 별도로 생각했다.

첫 1개월(5월, 8회)은 기초체력 함양과 지구력 올리기에 두었다. 대모산·구룡산 둘레길 걷기 4회와 불암산·수락산 종주 2회, 사패산·도봉산 종주 1회, 북한산 종주 1회를 계획하여 그대로 실행했다.

그리고 다음 1개월(6월)도 8회의 계획을 세웠다. 목표는 집중력과 난이도 올리기에 두었다. 산행시 집중력 제고를 위해 북한산 종주 2회, 관악산·삼성산 연계 종주를 2회 하였다. 난이도 올리기를 위해 도봉산 종주 4회 계획을 세웠다. 도봉산 다락 능선과 Y 계곡, 오봉 종주를 하였다.

걷기의 목표

이번 TMB 걷기를 골똘히 생각해봤다. 아무리 생각해도 내 삶의 폐단은 섣부르다는 데 있었다. 내 아내는 그것을 깊이가 없다고 지적했다. 물론 서로 다른 입장을 갖고 기준을 세워 세상을 보고 있을 수도 있었다.

어쨌든 세상은 침묵 속에서 자라고 있음을 배워야 했다. 나는 상황을 이기는 힘이 필요했다. 살아보니 상황을 이기는 힘은 서두르지 않는 데 있었다. 기다리다 보면 상황은 정리되고 분명해졌다.

오버로트호른 가는 길 유럽의 가장 높은 하이킹 트레일이다. 돌들 사이로 드문드문 야생화가 자리를 잡고 있었다. 꽃이 풀보다 더 잘 견디고 있었다. (위)

라이제 호수 슈텔리제 호수는 날씨가 좋으면 마터호른이 물에 비추어 사람들이 많이 찾고, 라이제 호수는 호수둘레를 따라 걸으면 마음의 평온을 찾을 만큼 호젓하였다. (아래)

그러나 나의 병폐는 서두름에 있었다. 아니 상황 모면이 맞을 것이었다. 생각보다 행동이 앞섰다. 원숭이 생포의 실험이 나의 사례와 꼭 맞았다.

목이 좁은 항아리에 원숭이가 좋아하는 코코넛을 넣어둔다. 항아리를 말뚝에 묶어둔다. 원숭이가 항아리 속에 미끼용 과일을 얻기 위해 손을 넣어 과일을 움켜쥔다. 맨손이라면 손을 뺄 수 있으나, 과일을 쥔 상태로 손을 뺄 수가 없다. 코코넛을 쥔 상태로 생포되고 만다.

원숭이는 항아리 속에 있는 코코넛 때문에 파멸에 이른다. 코코넛이 우리가 보기에는 사소해 보인다. 그러나 코코넛은 원숭이에게 모든 것이었다. 원숭이는 생포되는 비극을 감수했다.

원숭이의 코코넛 비극을 생각하면서 나의 코코넛이 무엇인지를 고민했다. 우선 원숭이가 비극을 피하려면 코코넛을 버려야 했다. 나의 코코넛은 무엇일까? 무엇보다 현재 상황을 넘어서기 위해서는 변화가 필요했다.

두 번째로 서두르지 않음은 있는 그대로, 내 모습 그대로 걷는 것이었다. 정말 단순하게 내 길을 걷는 것이었다. 마터호른을 한번 보았다. 몽블랑을 걸었다는 것에 의미를 두지 않고, 혼을 만날 수 있는 집중력을 보이고 싶었다.

나를 사랑하는 걷기를 시도하고 싶었다. 힘들면 쉬었다 가고, 꽃을 만나면 꽃과 이야기를 나누고, 바람이 불어오면 온몸으로 느끼면서 몽블랑의 아름다움에 빠져야겠다.

그것이 나를 사랑하는 걷기이고, 나에게 주는 선물이다. 그렇다 내가 멈추면 나의 세상도 멈춘다. 세상과 나를 떨어져 있게 하자, 그리고 내가 누구인가를 만나보자. 누구도 나의 걷기를 대신해 줄 수 없다. 나 자신이 걸을 뿐이다. 매일 매일 걷기를 통해 내가 원해서 걷는 길을 가야겠다고 다짐했다.

마터호른과 몽블랑 트레킹 준비물

1. 여행용품

- 속옷: 팬티 3, 양말 3, 런닝 1
- 세면도구: 칫솔, 치약, 면도기, 수건, 손수건
- 카메라: 배터리, 스마트폰, 충전기, 보조 배터리
- 화장품: 선크림, 립크림, 발 로션
- 휴지: 물티슈, 휴지

2. 트레킹용품

- 배낭(60리터): 의류, 버너, 코펠, 등산용품 운반
- 모자: 고어텍스 둥근 모자, 털모자, 버프, 캡
- 장갑: 스틱용 장갑, 면장갑
- 식자재 용기: 수저, 시에라컵, 버너, 코펠
- 의류: 하계 등산복(바지 2개, 상의 3개), 봄, 가을용 등산복 1벌, 긴팔 셔츠
- 방풍과 방수: 고어텍스 재킷 상하
- 물통: 1리터 용기 1개
- 신발: 중등산화 1개, 슬리퍼 1개, 아이젠, 스패치
- 스틱: 3단 1세트(2개)
- 랜턴: 손전등 소형 1개
- 선글라스(2개, 파손시 대비)
- 지도구입: 샤모니 현지 책방에서 1/5만 TMB 지도구입

3. 상비약 및 비상식량

- 상비약: 설사약, 소화제, 후시딘, 두통약, 반창고, 항생제, 근육 이완제, 이뇨제
- 식염포도당: 장시간 걷기에 염분 보충과 생체 균형에 필요
- 비상식량: 컵라면 10개, 밑반찬, 마른안주, 양갱, 아몬드, 간식

사람은
거기서 거기다

출발

탑승시간이 새벽 1시였다. 온종일 짐을 쌌는데도 마지막까지 무엇인가 부족하였다. 배낭무게를 줄이기 위해 이것저것을 빼도 10kg을 넘었다. 짐을 쟁여놓고 보니 14kg이나 되었다. 할 수 없이 14kg 배낭과 여행용 백을 챙겨 들고 집을 나섰다.

무엇인가 빠진 게 있을 것 같다는 생각이 들었다. 여권과 돈을 챙기고, 주머니를 뒤지고, 비행기 표를 보려고 핸드폰을 찾는데 핸드폰이 없었다. 나는 뒤돌아 달리기 시작했다. 한참을 뛰었다. 집사람을 만났다. 막내딸이 핸드폰을 챙겨 뛰었다고 했다. 여기도 저기도 막내딸은 보이지 않았다. 나는 뒤돌아가고, 딸은 A 코스로, 아내는 B 코스로 난리법석이었다.

그러다 정류장에서 만났다. 우리는 어이없이 서로를 바라보았다. 그렇게 2개월을 준비했어도 실수를 피해갈 수 없었다. 그러면서 세상에 완벽한 준비란 없다는 것을 깨달았다. 어쨌든 가까스로 공항버스에 올라탔다. 인천 공항까지 70분이 소요된다.

2013년 12월 회사를 그만두고 6년이 지났다. 회사를 명퇴당한 후 어쩔 줄을 모르다 백두대간을 걸었다. 그것을 책으로 써서 작은 공감을 샀다. 그리고 경복고 48회 선배들과 안나푸르나 트레킹을 하고 또 다른 책을 썼다. 이제 세 번째 걷기 여행이었다.

해외여행을 할 때면 서투르게 넘었던 중국 국경선이 생각났다. 처음 해외여행을 중국으로 갔다. 중국 광저우와 베이징 등 5개 도시를 방문했다. 당시 시간이 촉박하여 비행기 표를 못 구해 궁여지책으로 홍콩까지 1등석으로 갔다. 비행기는 그렇게 1등석을 타고 다니는 줄 알았다. 홍콩에서도 비행기 표가 없어 기차로 중국 국경을 혼자 넘게 되었다. 당시 중국은 우리가 넘을 수 없는 공산주의의 종주국이었다.

홍콩에서 중국 공안의 여권도장을 받는 데 수없이 던지는 질문에 곤혹스러웠다. 내게 국경을 넘는다는 것은 일종의 트라우마가 되었다. 그래도 그 후 많은 해외여행으로 이제 익숙하게 국경을 넘을 준비가 되어 있다.

사람은 거기서 거기다

비행기도 KAL이 아니었고, 네덜란드 항공인 KLM이었다. KLM 비행기 표를 보면서 묘한 설렘이 앞섰다. 저녁 8시 공항버스를 타고 가면서 한강 야경을 보았다. 서울에 살면서도 야경을 이렇게 여유를 갖고 쳐다보기는 처음이었다.

그런데 한강이 그렇게 아름다워 보여 스스로 놀랐다. 강변을 달리면서 좌파와 우파를 떠나 오늘을 만든 나의 친구들 수고했다고 중얼거렸다. 파리나 홍콩보다 더한 애착이 들었다.

한강 변이 이렇게 아름답게 느껴지는 것도 처음이었다. 불현듯 전날 가족들과 삼겹살과 팥빙수 단팥빵을 욕심껏 먹다가 막내딸이 "다 잊어도 좋으니 살아만 와 달라."는 말이 귓전을 때렸다.

공항에서 이번 여행에 동행할 경복고 48회 선배들을 만났다. 나를 포함하여 모두 60대였다.

이번 마터호른 캡틴을 맡은 최승관 형은 책임감과 원칙이 뚜렷한 배려심 많은 분이었고, 송주필 형은 다독가로 친근감과 논리가 뛰어났으나 직설적이었다.

박필진 형은 외교관 출신으로 외모부터 군더더기가 없었고, 서문석 형은 공무원 출신으로 소탈하며 친화력이 탁월하였고, 김종철 형도 정이 많고, 산을 사랑하였다. 박정석 형은 자신에게 엄격하면서도 배려가 돋보였다.

이렇게 7명이 마터호른 트레킹을 위해 뭉쳤다. 그런데 어디나 그렇듯이 나와 비슷한 인물이 또 있었다. 필진 형이 등산화를 빼먹고 왔다. 순간 형은 어쩔 줄을 몰라 했다. 우리도 어안이 벙벙했다.

그러다 형이 형수에게 전화했다. 이윽고 탑승시간까지는 등산화 공수가 무리라는 사실을 받아들였다. 그제야 우리는 "스위스는 알프스 국가다. 현지 등산화 구입도 괜찮은 아이디어다."라면서 애써 마무리했다.

그러면서 형은 "집사람과의 난감한 통화를 하면서 아내의 떨리는 목소리를 통해 아내가 나를 진심으로 걱정해주고 있구나 하는 따뜻한 부부애와 고마운 마음 씀씀이를 느꼈다."고 했다. 그리고 전화는 자신의 고통의 전가였음을 깨닫고 후회하였다고 토로하였다.

필진 형은 이번 사건을 "사람은 거기서 거기다."고 정의하였다. 사실 지내 놓고 보니 "거기서 거기다."가 이번 트레킹의 중심적 화두가 되었다. 나도 그랬다는 동질감이 위로를 주었다. 어쨌든 KLM이 네덜란드 항공사임에도 각자 익숙하게 짐을 부쳤다.

한산한 심야 공항터미널서 생맥주를 마셨다. 약간은 상기된 채로 서로를 다독이고, 통신사에 전화를 걸어 프랑스, 이탈리아, 스위스 등 3개국에서 쓸 수 있도록 4기가 인터넷을 신청했다. 또다시 한바탕 소동이 일었다. 제대로 할 줄 아는 사람이 없었다. 그래도 집단 지성은 힘이 있었다. 필진 형이 114에 전화를 걸어 해결하였다. 모두 따라서 가입하고, 데이터를 켰다.

KLM에 타면서 네덜란드어로 암스테르담이라는 안내방송을 듣자 "이제

네덜란드 스키폴 공항 공항은 이른 새벽임에도 분주했으나, 이곳에서 나는 나그네였다. 불현듯 가슴이 텅 비어 가면서도 무엇인가를 기다리고 있었다.

떠나는구나!” 하는 설렘이 앞섰다. 좌석의 TV 화면을 켜자 항공지도와 함께 7557km가 도장처럼 찍혀 있었다. 텐진과 베이징, 울란바토르, 이르쿠츠크, 레이캬비크, 함부르크, 베를린 그리고 코펜하겐이 파노라마처럼 올라왔다.

박두진 선생의 ‘예레미야의 노래’ 시집을 펼쳐 들었다. 대학 시절 점심을 굶어가면서 샀던 문고판이었다. 오래된 책 내음이 코끝으로 스며들었다. 대학 시절부터 책은 내게 뜨거운 열망 자체였다. 책을 사야 지식인이 될 수 있었다는 의무감도 한몫을 했다. 굶기도 하고, 알바도 하면서 책을 샀던 기억이 떠올랐다. 이 생각 저 생각이 스쳐 지나가면서 이내 잠이 들어버렸다.

Good Luck

눈을 떠보니 네덜란드 스키폴 국제공항이었다. 제네바 환승을 위해 스키폴 공항을 걸었다. 낯설어서 그런지 잔기침이 계속 넘어왔다. 지난겨울 감기로 천식성 기침을 자주 하였다. 그동안 의지로 버티고 있었는데 잔기침이 심해졌다. 국경을 넘는 긴장감 탓 같았다.

건장하게 잘생긴 청년들이 입국절차를 진행하였다.

젊은 청년이 묻는다.

“어디 가세요?”

“샤모니 갑니다.”고 응답하자, “져므니?” 하고 되묻는다.

아니 “샤모니”, What Germany?

심사원이 세 번이나 반복하더니 “왜 가느냐?”고 묻는다.

TMB 트레킹 사실과 160km 걷기를 강조하면서 설명하자, 고개를 끄덕이며 ‘Good Luck’ 한다.

스키폴 공항라운지에서 터를 잡고 간단하게 커피를 마셨다. 스키폴 공항이 이국적이라는 생각이 들지 않았다. 정석 형이 "네덜란드가 영국보다 먼저 유럽을 이끌었다. 스키폴 공항을 보니 아직도 네덜란드는 유럽의 한 축을 끌고 가고 있었다."고 의미를 부여했다.

어쨌든 이제 모든 것이 익숙하였다. 인천공항과는 다른 해방감이 들었다. 비행기를 갈아탔다. 스키폴 공항을 이륙하는 비행기는 작아서 그런지 하늘을 오르는 느낌이 강렬하였다. 비행기의 상승! 그래 비행기처럼 뚜렷하게 상승하는 거야! 그리고 몽블랑 끝에 무엇이 있는가를 내 몸으로 만나야겠다고 다짐했다.

우리 팀은 TMB 트레킹을 통해 이 비행기처럼 상승을 향한 힘을 결집할 수 있을까? 비행기에서 내려다보이는 풍경이 새롭다. 격자무늬의 푸른 벌판과 고압선 철탑, 도시 사이로 그려진 도로들을 타고 자동차가 움직였다.

한눈에 보이는 세상은 점점 작아지고 있었다. 내가 사는 세상이 저렇게 작았다. 밖으로는 뭉게구름들이 잔잔하게 부서지고 있었다.

스위스 열차 여행

제네바 공항에 내려섰다. 스위스 패스로 열차에 올라탔다. 레만 호수가 차창을 통해 보였다. 태양이 강렬하였다. 하늘은 짙은 푸른색이었다. 바람도 없었다. 모든 것이 아름다웠다.

승관 형이 "날씨가 변수다. 날씨가 좋아야 한다."라고 강조했다. 레만 호수를 끼고 있는 산에는 낮게 뭉게구름이 걸려있었다. 커다란 암벽의 정상에는 백설이 아직 녹지 않았다. 암벽은 석회석 때문에 뿌옇게 보였다.

스위스 파노라마 열차 스위스는 산악지대임에도 열차 여행이 남달랐다. 알프스의 산맥과 초원, 목가적 전원풍경, 빙하하천의 아름다움이 어우러져 눈을 뗄 수가 없었다.

종철 형이 옆에 앉은 스위스 할머니에게 제네바 호수를 물었다. 할머니는 상냥하게 "제노바가 아니다. 제노바는 이탈리아다. 여기서는 '치노버'로 읽는다"면서 '한국인이냐?'고 물었다. 할머니의 파란 눈에서 솔직함과 정직성이 묻어났다.

열차는 한산했고, 가끔 차장이 왔다 갔다 검표를 했다. 낯선 동양인에 대한 어색함도 별로 없었다. 호의적 시선이 느껴졌다. 레만 호수의 수면과 어우러진 절경이 이어지자 마음마저 상쾌해졌다.

스위스 농가의 풍경이 그림처럼 펼쳐졌다. 농가들은 알프스 자락에 걸터앉아 있었다. 산은 수직 상승으로 깎아 질렀다. 이를 이용해 삶의 터전을 만들다 보니 길가나 밭에는 아주 두텁게 쌓은 축대 벽돌이 어디나 버티고 있었다.

경치는 말로 표현할 수 없었다. 높은 산과 깎아 세운 듯한 절벽을 등 뒤로 마을이 앉아 있었다. 밭에는 사과들이 앙증맞게 달려있었다. 포도밭은 T자형 나무들에 끝없이 열을 지어 서 있었다. 언덕마루에는 작은 마을과 십자가를 매단 교회들이 훈장처럼 절묘하게 박혀 있었다.

그러나 마티니Martigny, 시용Sion, 시에르Sierre 등 공업도시는 한마디로 건조해 보였다. 역사 주변도 낙서가 많았고, 건설현장의 쓰레기 잔해와 드럼통이 널브러져 있었다. 무엇인가 스위스답지 않게 느껴졌다. 열차길 주변은 철탑과 전선이 촘촘히 어우러져 있었다.

비습Visp에서 체르마트Zermatt행 열차로 갈아탔다. 시에르는 불어인데 독어로는 지더스Sidders로 병기되어 있었다. 음식점에서 웨이터들은 독어로 음식을 부탁한다Bitte 하고, 불어로 감사하다Merci 할 정도로 이국적 문화가 공존하고 있다고 했다.

그래도 열차를 따라 펼쳐진 스위스의 작은 마을들은 평온하면서도 독특한 매력을 지녔다. 무엇보다 눈이 즐거웠다. 스위스의 풍경은 중독성 있게 마음속으로 파고들었다.

마을들은 점점이 들어서 있었다. 대개 집들이 나무로 지어져 고색창연하고 우아한 맛을 풍겼다. 전통목조가옥은 세월을 지고 가는 힘이 느껴졌다. 산악지대를 들어서자 물소리가 엄청났다. 유량과 유속도 상상을 초월할 정도로 많고 빨랐다.

알프스를 끼고 있는 나라들은 사실 빙하와의 공존과 투쟁이었다. 빙하는 땅을 깎고, 산사태를 일으키고, 바위를 깎았다. 이들은 척박한 자연환경을 극복하면서 자신 외에는 누구도 믿지 않았다.

이를 막기 위해 이들은 축대를 쌓았다. 마을은 대부분 산을 끼고 형성되어 있었다. 산을 끼고 있으면 알프스가 만든 물과 산을 막아 생존의 터전으로 만들어야 했다. 돌 축대는 이들의 척박한 삶을 읽게 해주는 푯대처럼 다가왔다.

돌 축대를 보면서 스위스 국민의 근면성과 훈련된 질서의식이 뿌리와 역사성이 있다고 느껴졌다. 스위스는 국민투표를 통해 70년대에 주당 근로일수 줄이기에 반대했고, 2016년에는 일하지 않아도 월 300만 원 기본소득을 보장하는 법안도 압도적으로 반대했다. 스위스는 국민이 미덕이었다.

체르마트는 석탄과 휘발유가 없는 지역이었다. 모든 차는 타쉬 주차장에 주차하였고, 열차를 타고 체르마트에 들어가야 했다. 열차는 힘겹게 고도를 높여갔다. 그 옛날 수인선을 타고 갔던 생각이 났다. 기적이 울리고, 창밖의 풍경이 스치면서 그 옛날의 내가 떠올랐다.

지나온 삶이 꿈만 같았다. 풍경을 스쳐 지나가면서 살아온 내가 보였다. 아버지의 죽음과 어머니와 시골 5일 장에 갔던 일, 초등학교 시절 수업을 듣지 않고 무작정 뛰쳐나왔던 일, 지난 겨울날 벽에 머리를 부딪쳐 정신을 잃었던 일들이 풍경에 스쳐 지나갔다. "나는 문득 왜 여기에 왔을까?"를 되뇌어 보았다.

스위스의 마을 산에는 바위 틈새로 나무들이 듬성듬성 서 있었으나, 마을에는 함초롬히 서 있는 상록수와 짙은 갈색과 적색의 창문들 사이로 빛이 스며들고 있었다. (위)

레만호의 풍경 풍경은 기차를 타고 지나가면서도 한편의 숨은 이야기를 속삭이는 듯하였다. 화가들이 그렸던 고요함과 평화로움이 묻어나고 있었다. (아래)

그래
걷는 거야

불가능한 아름다움

제노바에서 4시간 만에 체르마트1608m역에 도착하였다. 햇빛은 수직으로 내리쬐면서도 풍부하고 선명하였다. 우리 모두 눈이 너무 따가워 선글라스를 꺼내 썼으나, 태양은 압도적이었다.

나는 발걸음을 멈추고 하늘을 쳐다보았다. 하늘은 구름 한 점 없이 푸르렀다. 기차역을 나올 때부터 그림자가 나를 따라왔다. 길 위에서 주위를 돌아보았다. 사람들의 왁자지껄한 목소리들이 들려왔다. 드디어 체르마트에 도착하였음을 현실로 느꼈다.

베스트 웨스턴 호텔 버터플라이Best Western Hotel Butterfly에 체크인을 하고, 서둘러 호텔 문을 나섰다. 고르너그라트Gornergrat 전망대 행 산악열차에 올라탔다. 우리 모두 숨을 죽였다. 하늘은 높이 떠올라 있었다.

주필 형이 "마터호른은 파라마운트사의 로고야! 별거 아냐!"

정석 형도 "그래도 마터호른은 유럽인들의 마음의 고향이야!"

문석 형은 "마터호른은 늘 새롭기 때문이야!"라고 화답했다.

별안간 장렬한 모습의 마터호른이 영화의 한 장면처럼 나타났다. 아니 마터호른은 스스로 자태를 드러낸 것처럼 보였다. 누구도 흉내 낼 수 없는 강렬한 아우라를 뿜어내고 있었다. 우리는 입을 다물 수 없었다. 마터호른은 알프스에서만 볼 수 있는 깊고 푸른 하늘을 이고 하늘을 향해 경이롭게 우뚝 솟구쳐 있었다. 우리를 흥분시키면서도 위압적이었고, 윤곽이 단순하면서도 독특하였다. 기하학적 아름다움을 갖춘 것처럼 보였고, 뭉게구름에 반은 잠겨 있었다. 그런데도 마터호른의 자태에는 감추어진 힘이 있었다.

마터호른은 살아서 숨을 쉬고 있었다. 우리 모두 얼이 빠졌다. 어느덧 우리들의 허름한 수다가 없어졌다. 우리들은 마터호른의 아득한 심연의 위엄에 조용히 숨을 죽였다. 아! 정말 또다시 이런 광경을 볼 수 있을까?

마터호른의 자태

마터호른은 끝없이 펼쳐진 청명한 하늘 속에 지상의 거인처럼 서 있었다. 하늘과 땅을 이어 주면서 시간을 이기고 있었다. 나도 가만히 두 손을 모았다.

고르너그라트 전망대를 올라가면서도 마터호른은 모습을 달리하였다. 우리는 셔터를 마구 눌러댔다. 그러면서도 스스로 물었다. 사진을 찍으면 뭐하지 사진이 마터호른의 혼을 담아낼 수 있을까? 우리의 감동을 지켜낼 수 있을까?

신비롭다. 장엄하다. 다채롭다. 햇빛에 비추는 눈이 만들어내는 모습과 시시각각 빚어내는 구름의 옷차림, 하늘을 향해 솟구쳐 있는 봉우리는 표현할 수 없는 불가능한 아름다움이었다.

마터호른에 다시 올 수 있을까?

마터호른4478m은 그랑드조라스4208m와 아이거 북벽3970m과 함께 알프스의 3대 북벽으로 불리고 있다. 산의 이름도 독일은 마터호른, 프랑스는 몽세르뱅Mont Cervin, 이탈리아는 체르비노Cervino로 불린다. 신성한 산인 데다 누구도 오를 수 없는 산으로 알려졌었다.

그러다 1786년 발마와 파카르가 몽블랑을 정복하면서 수많은 사람이 마터호른 정복을 시도하였다. 마침내 몽블랑이 정복된 뒤 79년이 되어서야 에드워드 윔퍼가 1865년 마터호른에 올랐다.

윔퍼는 "이것은 내가 할 수 있는 일이었다. 앞사람

이 한 발을 디디면 그다음 사람이 나아간다. 세상이 내 발밑에 있었다."면서 새로운 역사를 열었다. 이어 1931년 독일의 슈미트 형제가 마터호른의 가장 어려운 코스인 북벽을 올랐다.

어느 산악인과의 대화를 잊을 수 없다.

"큰 산은 높고 힘들어서 오르는 것이 아니다. 산을 체험해 보고자 하는 욕망 때문이다. 등산이 아무도 못 해본 일이 아니라 등산을 통해 얻는 기쁨 때문이다. 새로운 길을 찾는 일은 등산인의 전 존재를 사로잡는다."

"산을 오른다는 행위는 산과의 대화다. 산은 오를 때마다 새로운 의미와 새로운 아름다움을 준다. 산은 사람을 행복하게 만들고, 오를수록 알 수 없는 행복감에 젖어 든다."

그 산악인은 높은 산을 갈 때 "천천히 서두르라."라는 금언을 철칙처럼 지켰다. 마터호른도 초등정 이후 66년이 지나서야 북벽을 허락하였다.

고르너그라트Gornergrat, 3089m는 마터호른과 함께 주변의 4000m 이상 29개 봉우리를 볼 수 있는 전망대였다. 톱니바퀴 식 전동열차로 20여 분이 걸렸다.

문석 형이 주문을 외듯 "내 생에 마터호른을 다시 올 수 있을까?" 나도 "오늘 이 자리에서 느끼는 감동과 감격이 다시 올 수 있을까?" 하고 자문했다. 그렇다 어느 때 다시 와도 지금 우리에게 주는 마터호른은 없을 것이다.

그래도 주필 형이 "지구본을 보면서 대리만족의 방법이 있다."고 했다. 마르코 폴로의 여행기도 체험과 풍문 듣기를 기록하고, 이를 보면서 위로를 받았다. 박지원의 열하일기도 청나라 여행담을 적고, 청나라를 추억하였다.

우리도 우리의 체험을 기록하고, 관찰하고, 사진을 찍어 우리의 추억을 기억해야 한다는 의견을 모아 이 책을 만들었다.

그래 문제는 나였다

마터호른은 여전히 구름에 둘러싸여 신비감을 더했다. 또다시 넋을 잃었다는 말처럼 하염없이 바라보았다. 마터호른이 들려주는 소리에 가만히 귀를 기울였다. 마음이 편해지면서 알 수 없는 기쁨이 솟았다.

사람들이 그 옛날 큰 산을 찾아 왜 무릎을 꿇었는지를 알겠다. 그렇게 어떤 대상을 경이롭게 만나고, 마음의 문을 열고 만났다면 삶은 변할 수밖에 없다. 그렇게 삶은 새로운 세계를 받아들이고, 신비한 힘을 나누었을 것이다.

고르너그라트 정상에 휴게소와 성당이 있었다. 성당이 영혼의 쉼터처럼 보였다. 동·서양인 10여 명이 간절히 새로운 힘과 능력을 구하고 있었다. 저들도 신비한 마터호른을 본 뒤 마터호른과 함께 삶을 변화시킬 수 있다는 믿음을 만나고 있는 것일까?

어디를 가도 높은 산은 경이롭게 느껴졌다. 사람들은 산의 신비와 경이로움을 만나면서 삶에 대한 외경심과 행복감을 되찾는 것 같았다. 나도 무엇인가에 이끌려 들어갔다. 마터호른의 거대한 공간이 무릎을 꿇게 만들었다.

나는 무엇을 기도할까? 멍하니 앉아 있는데 어린 시절부터 나와 사이가 나빴던 친구들이 떠올랐다. 왜 그들이 떠올랐을까? 세상을 살면서 착하게 살아왔다고 생각해 왔으나, 나도 다투고, 원수 맺고, 시기하고 거리를 유지했던 사람들이 의외로 많았다는 생각이 들었다.

그래도 살아오면서 최선을 다해 좋은 인간관계를 유지하려 했으나 나도 낱낱이 따져보니 참 못됐다. 사람들을 보고, 적어도 나는 그렇지 않아 하면서 남과 비교하는 일을 멈추지 못했다. 나만의 잣대로 사람들을 선인과 악인으로 나누고 매도했다.

그렇게 야박하지 않아도 되었는데, 너그러웠어야 했는데, 처음으로 자신이 부끄러워졌다. 사람은 저마다 생각이 다른데 그의 다름을 받아들이지 못했다.

나는 상처 주기보다 상처를 더 받았다고 생각했다. 그러나 나도 가족에게, 친구에게, 동료에게 화풀이하듯이 기회가 되면 많은 상처를 주었구나!

상처를 주면서도 당당했다. 내가 옳았고 정당하였기 때문에 나는 아무 죄책감이 없었다. 내가 생각하기에 늘 옳았고, 언제나 올곧은 사람이었다.

그런데 아니었다. 유유상종이었다. 오십보백보였다. 내가 그였고, 그가 나였다. 아니 더 나빴다. 선입견과 편견에 사로잡혀 나의 잣대를 남발했다. 상처만 곳곳에 남아 있었다. 나는 나에게 늘 관대했다. 그래 문제는 나였다.

기도실을 나와 마터호른을 다시 한번 뚜렷이 바라보았다. "자기 자신의 지옥을 본 사람만이 천국까지 자라갈 수 있다. 지옥까지 자신의 뿌리를 내리지 못한 나무는 결코 천국까지 자라갈 수 없다."는 말이 생각났다. 그렇다! 바닥까지 내려가야 바닥을 딛고 다시 올라설 수 있음을 알겠다.

마터호른은 하늘과 땅을 이어주는 거대한 나무처럼 보였다. 유럽인에게 마터호른은 하나님에게 가장 가까이 갈 수 있는 곳이었다. 여기가 자신의 전 존재와 하나님이 만날 수 있는 자리라고 생각하였다.

내가 좋아하는 '마터호른' 영화에서도 주인공 프레드는 마터호른에서 청혼하여 결혼하였고, 잃어버린 자아를 되찾으러 간 곳도 여기였다. 프레드는 이곳에서 자신과 전혀 다른 세상을 사는 아들과 친구의 삶을 받아들였다.

유럽인들에게 마터호른은 소중한 것을 잃은 사람들만이 알 수 있는 절망감을 녹여주는 곳이었다. 나도 그렇게 마터호른에 있었다. 그리고 마터호른을 바라보며 인생도 타인과의 경쟁이 아닌 자신과의 싸움임을 알았다. 이

싸움을 통해 자신만의 색깔과 열정을 찾는 것이었다.

내가 마터호른에 들어왔다는 것은 마터호른의 외양보다도 마터호른을 중심으로 펼쳐진 사람들의 삶과 역사와 신성함에 들어간 것이었다. 오늘 마터호른은 내게 장엄한 신비를 만나게 했다.

추억 만들기

고르너그라트 휴게소는 등산용품점과 카페가 자리 잡고 있었다. 주필 형이 화장실로 들어가는 모습이 보였다. 얼결에 형을 기다렸다. 형이 나오자 둘이 수다를 떨면서 성당과 십자가를 화제로 십자군 전쟁까지 가버렸다.

어느 정도 시간이 흘렀다. 주변에 일행이 없어졌다. 우리만 덩그러니 섬처럼 남겨졌다. 새로운 상황이 되었다. 낯선 상황이 되면 우선 지켜보고 한 발을 내딛는다. 그러면 새로운 세계가 열리고 또 다른 문이 열렸다.

젊은 시절 공수훈련을 받던 일이 떠올랐다. 교관은 1개월간의 혐한 훈련 끝에 마지막으로 한마디를 했다. “그냥 뛰세요! 생각이 많으면 뛰어내릴 수 없어요. 새처럼 하늘로 뛰세요!”

그날 이후 나는 때로 암담한 상황이 닥치고 두렵고 힘들면 무작정 한 발을 내디뎠다. 작은 한 발을 내디딜 때마다 상황을 변화시켰다. 그래 그냥 내디디면 되었다. 우리는 전망대에서 리펠제Riffelsee, 2766m로 이동을 시작했다. 리펠제 호수는 마터호른이 수면에 비치는 호수로 유명하였으나 바람결이 거세어 물살이 갈라지면서 마터호른도 흩어져 버렸다.

전망대를 나오자 1km 정도의 전방에서 동양인들 무리가 무엇인가를 하면서 호숫가를 중심으로 모여 있었다. “저기다!” 발걸음을 재촉하였다. 1km

마터호른의 힘 마터호른은 하늘, 구름과 산속에 홀로 우뚝 서 있었다. 그렇게 커다란 공간을 가득 채우고, 나의 시선을 사로잡았다. (위)

구름 속의 마터호른 마터호른은 바라보는 시선에 따라 새롭다. 어디서든 마터호른을 바라볼 수 있으나, 아직 마터호른의 장엄함을 깊이 있게 체험하는 것은 역부족이었다. (아래)

정도로 예상하였으나, 한참을 걸어도 저만치였다. 날씨가 좋고, 공기가 맑아 가시거리의 환산에 착각이 일었다.

생각보다 많은 길을 걷고서야 호숫가에 도착하였다. 그러나 중국인들이 었다. 호숫가는 빙하 퇴적물로 하늘에 비춘 색이 에메럴드 빛보다 짙었다. 물은 얼음물처럼 차가왔다.

일행을 찾기 위해 리펠베르그Riffelberg, 2582m로 이동하였으나 거기에도 없었다. 우리는 주변을 이리저리 찾으면서도 마터호른이 뿜어내는 숨결에 정신을 차리지 못했다.

주변에는 한 손만 내밀면 설원이었다. 한여름에 살아있는 눈을 만지려고 잠시 멈춰 섰다. 눈은 차가웠으나 알갱이는 없었다. 뜨거운 태양에 문드러진 녹아가는 눈이었다. 눈을 집어 손을 마주하여 비볐다.

바람은 불어도 얼굴에는 땀이 촉촉하였다. 손을 얼굴에 대어 마터호른의 기운을 느꼈다. 입술에 조심스럽게 갖다 대고 맛을 보았다. "엄청 차갑다!" 그런데 우리 일행은 어디 있을까?

비탈면을 넘어서자 탁 트인 시야가 펼쳐졌다. 옆으로 양지바른 목초지가 나타나고, 소들의 방목지가 눈에 들어왔다. 소들이 평화롭게 풀을 뜯고 있었다. 고르너그라트는 초겨울 날씨였는데 이제 계절은 여름 햇살로 바뀌어 있었다.

리펠알프Riffelalp다. 마터호른이 지척에서 보였다. 탄탄하게 균형이 잡힌 모습으로 안정감 있게 보였다. 돌아서자 소나무길이 시작되었다. 우리가 걸어온 위쪽과는 완전히 달랐다.

황량한 길을 벗어나 숲속의 오솔길이 펼쳐졌다. 소나무와 낙엽송 천지였다. 하산 길은 아무것도 조망할 수 없는 숲길이었다. 일행을 잃었다는 사실조차도 잊을 정도로 달콤했다. 아니 행복했다.

나와 주필 형은 나무와 야생화 군락지들을 지날 때마다 탄성을 질렀다. “그래 걷는 거야. 추억을 만드는 거야.” 의자가 나타날 때마다 의자에 걸터 앉았다. 엉덩이에 스며드는 목재의 감촉이 부드럽다. 나무들 사이로 햇살도 따사롭다.

숲 사이로 마터호른이 지나갔다. 나도 모르는 어떤 영감에 사로잡히는 것만 같았다. 계속된 내리막이었으나 점점 더 길에 빠져들어갔다. 내리막길인데도 4000m 산의 위용이 느껴졌다. 어떤 상황이 와도 한 발을 내디디면 되었다. 오늘도 산은 내게 새로운 힘을 주었다.

체르마트 시내를 거쳐서 호텔에 도착했어도 일행은 없었다. 이게 어떻게 된 것일까? 당혹스러웠다. 다시 한번 고르너그라트의 정상을 되짚어봤다.

무엇이 잘못된 것일까? 서두르지 말았어야 했나, 어디가 잘못되었나, 이제 어떻게 하지? 어찌할 바를 모르고 있는데 일행이 도착했다.

일행은 일행대로 우리를 찾느라고 일정을 망쳤다며 하소연이었다. 어디가 잘못되었나를 맞추어 보았다. 정상의 휴게소가 문제였다. 일행은 휴게소 위에서 사진을 찍다 우리를 잊었고, 그때부터 우리를 찾았으나 이미 우리는 하산 길로 접어든 뒤였다.

모두 오늘 일정을 두 사람 때문에 망쳤다고 원성이 자자했으나 이미 엎질러진 물이었다. 어쩔 수 없이 나와 주필 형은 일행에게 양해를 구했다. 일행도 애써 섭섭함을 감추어 주었다.

퐁뒤fondue 사건

그래도 엎어진 물은 어쩔 수 없었다고 해도 재발 방지가 중요했다. 비상

체르마트의 밤 밤에 비가 뿌렸는데도 하늘은 푸르고, 먼 산엔 구름이 걸려있다. 길은 비에 젖어 촉촉하고 한적하다. 아무리 걸어도 동화 속 마을의 한 장면을 보고 있는 것만 같다.

대책회의와 열띤 토론을 거쳤다. 주필 형은 "전체를 만족시키는 것은 전체를 바보로 만든다."라고 항변하면서도 조별 편성으로 행동의 통일성을 갖는다는 원칙에 동의했다.

2개 조로 편성하되 조장 선정과 행동 통일, 시스템화를 구축했다. 사람은 물을 엎질러야 대책을 마련한다는 보편적 원리를 다시 확인했다. 그게 사람이었다.

저녁은 스위스 현지식으로 하였다. 모두가 미트 퐁뒤와 치즈 퐁뒤를 시켰다. 음식점의 하우스 와인도 맛이 일품이었다. 생맥주 가격으로 와인을 마실 수 있었다.

문제는 미트 퐁뒤가 일으켰다. 미트 퐁뒤가 왔는데 누구도 먹어보지 못한 음식이었다. 육수가 램프에 올려 있었고, 양고기가 생고기 형태로 나왔다. 옆에는 다섯 가지 치즈로 만든 소스가 더해졌다. 순간 멘붕이 왔다.

해외여행 경험이 많은 주필 형이 "양고기 스튜 요리 같다. 소스를 육수에 넣자!" 어쩔 수 없이 육수가 끓을 때까지 기다리고 있었다.

그러나 시간은 논의를 불러일으켰다. 우리는 자연스럽게 "무엇인가 이상하다."는 데 의견이 모아졌다. 아니 우선 육수에 생고기를 넣어 보자는 실험을 했다. 의외로 생고기는 익혀지면서 소스에 버무려 먹자 환상적 맛을 냈다. 그렇게 먹기 시작했다.

그러면서도 주위를 두리번거렸다. 주인이 와서 무언가 부족한가를 물었다. 그제야 우리는 안심하고 저녁을 즐겼다. 미리 주인에게 묻고 먹을 수 있었으나 60대라는 자존감이 꼼수를 놓고도 상상력이라면서 마냥 즐거웠다.

저녁을 먹고 나오자 비가 내렸다. 서둘러 마터호른을 조망할 수 있는 성 마우리티우스St. Mauritius 교회 주변으로 걸어갔다. 사람들도 비를 맞고 추적추적 걸었다. 벤치에 가만히 앉아 마터호른을 바라보았다. 빗속의 마터호른은 검은 실루엣으로 꼿꼿하게 수직으로 웅장하게 서 있었다. 비 오는 하늘은 신비롭게도 창백한 감청색이었다.

집안에 보물이 숨겨져 있으면 그 집이 깊이를 더한다고 했다. 오늘 마터호른은 내게 보물이었고, 내 존재가 마터호른에 둘러싸인 것 같았다. 지금까지 본 산의 모습 가운데 가장 감동적인 산의 모습이었다.

걸어도,
그리고 걸어도

상상 속의 힘

새들이 노래하는 소리가 잠결에 들렸다. 그러나 마음은 아직도 비 오는 체르마트를 걷고 있었다. 마치 오늘이 나의 최초의 날이고, 최후의 날로 생각하고 살라는 외침이 들려오는 듯하였다. 마터호른은 마법 같은 시간처럼 느껴졌다.

아침의 체르마트를 걸으면서 상큼하고 촉촉한 감촉이 스며들었다. 집집마다 발코니의 페튜니아와 제라늄이 새벽 어스름에 빛났다. 성 마우리티우스St. Mauritius 교회 옆에 다시 섰다. 마터호른은 구름에 짙게 가려 어렴풋한 자태만을 드러냈다.

마터호른을 오래도록 바라만 보았다. 무엇인가 가슴속으로 충만해졌다. 같은 마터호른이라도 어젯밤 빗속의 자태와는 또 달랐다. 구름 속에 잠긴 마터호른은 신비로웠다.

슈바르제 호수 옆의 예수상 알프스 어디를 가도 십자가와 성모상을 볼 수 있다. 십자가는 오르기 전 무사 귀환을 소원하게 했고, 산을 내려오며 인간의 한계를 겸손히 뒤돌아보고, 살아 있음을 감사하게 했다. (좌)

나무 성모상 알프스 밑자락은 오래된 거목들이 지천이다. 나무를 새겨 만든 성모와 예수상이 푸근하게 자리 잡고 있다. (우)

교회는 마을의 중심에 자리 잡고 있었다. 목동들이 신호도구로 쓰였던 알펜호른이 마터호른을 향하고 있었다. 하천은 마을을 관통하여 흘렀고, 하천의 물살이 거세었다.

걷기를 멈추고 하천의 소리에 귀를 기울였다. 하천은 숨 가쁘게 흐르는 세찬 물결이었으나, 이른 아침의 물살이 내는 소리는 마터호른이 숨을 쉬는 것처럼 느껴졌다. 빙하수가 만들어내는 눈에 보이지 않는 힘이 느껴졌다. 물은 거침없이 거세게 흘러가고 있으나, 마음은 편해졌다.

이른 아침 체르마트를 출발하였다. 트로케너 슈테그Trockner Steg, 2939m에서 마터호른 글라시에 파라다이스Matterhorn Glacier Paradise 트레일을 탔다. 마터호른 글라시에 파라다이스 전망대는 마터호른을 가장 가까이서 감상할 수 있었다. 일명 '작은 마터호른'으로 불렸다.

전망대에서는 14개의 빙하와 38개의 4000m급 알프스의 영봉들을 조망하였다. 프로그 빙하를 거쳐 얼음궁전을 산책하였다. 얼음궁전 입구에 들어섰다. 그러나 자연은 준비 안 된 사람에게는 용서가 없었다. 추위가 혹독하였다. 그때가 되어서야 엊저녁 최승관 캡틴이 파커 내피와 고어텍스를 준비하라고 당부한 말이 떠올랐다.

추위에 대한 대책 없이 걷다가 얼음동굴 벽에 부딪히면서 뒤로 엉덩방아를 찍었다. 순간 눈앞에 별들이 반짝거렸다. 머리를 만져보니 피는 안 나왔다. 약간의 멍이 들어 있었다.

그런데 문제는 목숨보다 소중히 여겨야 하는 카메라가 렌즈 테두리에 흠집이 났다. 배터리가 떨어져 나갔다. 카메라를 수습하면서 셔터를 눌렀다. 다행히 찍혔다. 됐다.

그러면서 순간 나의 삶이 떠올랐다. 초등학교 시절 교장 선생님 훈시에 꼭 시범 케이스로 걸렸다. 집단으로 모이면 나는 이상할 정도로 앞으로 불려 나갔다. 가뜩이나 자기를 표현하는 일에 서툴러 더욱더 움츠러들었다.

사람 앞에서 수줍음을 타고, 무슨 일이든 목소리를 내기가 어려웠다. 내 목소리를 내면 어떤 사건이 일어날까? 늘 노심초사하였다. 자신을 어떻게 할 수가 없었다. 자신을 보면 "키가 작고, 통통하고, 남자답지도 못하였다." 고 생각하면서 힘들어졌다.

그러면서도 "너는 할 수 있다." "그래 누구나 같은 거야" "그냥 앞으로 가면 되는 거야." 하는 내면의 목소리가 나를 이끌었으나 참으로 어렵기만 하였다. "나는 잘할 수 있을까?" 어느 정도 불안감을 안고 생활하면서 매사 계획만 세우는 프로그래머가 되었다. 실행보다는 생각만 하는 아이가 되었다.

그런데 나는 왜 이럴까를 반추하다 보면 역설적으로 나도 모르는 상상 속의 힘이 났다. 자신의 힘을 만들어냈다. 이런 고통이 나를 만들어 주었다.

"그래 고통과 함께 가는 거다." 그렇게 생각하다 보면 어떤 충격도 이길 힘이 나는 것만 같았다.

그렇게 나는 나를 만든 사람이 되어 있었다. 자신 속으로 명예욕과 자존감을 갖추게 되었다고 믿게 되었다. 그런 한편으로 무슨 일이든 무너짐은 나부터 시작한다고 믿었다. 그러나 무너짐은 끝이 아니라 그 존재의 진정한 출발임을 깨달아 갔다.

집착

얼음궁전을 나와 만년설을 밟으면서도 마음은 카메라 때문에 갈피를 잡지 못하였다. 나는 어떤 일이 벌어지면 그 일이 해결되어야 다음 일을 할 수 있었다. 나는 일단 집착의 늪에 빠지면 헤어 나오지를 못했다.

이때부터 모든 일정은 무너져 버렸다. 프로그 빙하를 거쳐 슈바르제 호수2583m에 도착하였다. 마터호른 베이스캠프인 훼른니 산장을 공략하기 위해 걷기를 시작하였다.

호수 주변에 양들이 한가롭게 풀을 뜯고 있었다. 일부는 우리에게 달려와 몸을 비볐다. 일부는 풀을 뜯다가 눈 속을 들어가더니 눈을 핥아 먹고 있었다.

훼른니 산장까지는 3260m로 고도차가 677m다. 보기에는 지척으로 보였다. 그런데 677m는 1시간 30분을 꼬박 걸어야 했다. 맑은 대기는 거리감을 잃게 만들었다. 보기와 다르게 가보면 엄청난 거리였다.

훼른니 산장Hörnlihütte, 3260m은 직벽에 가까운 길이었다. 베이스 캠프인데도 험했다. 아찔하였다. 정상등반자들은 우리와 유전자가 다른 사람이라는

마터호른 길목의 십자가

십자가는 마터호른을 배경으로 삶의 돛대처럼 서 있다. 사람들은 돌을 정성스럽게 쌓아 놓고, 무사귀환을 소망하면서 자기 길을 간다.

생각이 들었다. 그래도 길을 가다 보니, 마터호른을 오르다 죽은 사람들을 위로해주는 십자가와 돌탑들이 있었다.

그러나 마음은 아직도 카메라에 있었다. 어느 순간 설상가상으로 카메라에 이상한 저울추 같은 것이 나타났다. 이번 트레킹을 위해 새롭게 구입하였다. 그러다 보니 낯설었다. 불안감도 한층 더했다. 걸으면서 아무리 조작을 해도 사라지지 않았다. 걸어도 걷는 것이 아니었다.

온통 카메라에 사로잡혔다. 마음 자체가 무너졌다. 훼른니 산장이 목전에 나타났다. 주필 형과 종철 형이 고산증세를 우려하여 산장까지의 등산은 중도에 포기하였다. 나도 내심 여기서 카메라를 고쳐야겠다는 생각을 품었으나, 훼른니 산장의 유혹을 이길 수가 없었다. 내친김에 가야 했다.

카메라에 신경이 사로잡히다 보니 정상적 등산로를 벗어나기 일쑤였다. 길을 걷다 보면 아찔하였다. 길을 잘못 들어 밑을 보면 낭떠러지였다. 다행히 눈과 빙하는 없었다. 바윗길과 너덜지대가 이어지면서 외길로 이어졌다. 그렇게 우여곡절 끝에 베이스캠프 입구에 도달하였다.

문제는 여기서부터였다. 엎친 데 덮친 격으로 빨리 올라야겠다는 욕심이 앞섰다. 걷다 보니 또다시 낭떠러지였다. 어쩔 수 없이 이리저리 헤매다 가까스로 베이스캠프에 당도하였다.

형들은 베이스캠프에 오른 당당함에 사진을 찍고, 호연지기를 불태우고 있었으나 나는 카메라에 붙들려 끊임없이 싸우고 있었다. 또다시 나의 고질병인 집착과의 싸움이 시작되었다. 일단 문제에 사로잡히면 해결책을 찾아야 했다. 새로 구입한 카메라는 어떤 조작을 해도 원점이었다. 사소한 시스템 문제 같았으나 실마리를 찾을 수 없었다.

이윽고 시스템 리셋을 하자는 마음을 정하면서 마음이 편해졌다. 리셋을 한다고 조작하다가 저장자료가 날아갔다. 그 순간이 너무도 생생하였다. 자료가 삭제 중이라면서 무엇인가 진행되었다. 어떻게 하지 정말 어떻게 하지 하는 순간이 또렷하게 내 마음속에 새겨졌다. 장면 하나하나가 슬로비디오처럼 각인되었다. 취소를 눌러도, 어떤 조작을 해도 이미 엎질러진 물이었다.

참으로 산뜻하게 날아갔다. 카메라는 나의 자료들을 이 세상에서 떼어 메고, 이 세상 밖 어디론가 날아 가버렸다. 나도 한세상 떼어 메고 이 세상 밖 어디론가 날아가고 싶었다. 내가 카메라에 정신을 빼앗겨 있는 동안, 나머지 팀원들은 한잔의 커피와 한 모금의 맥주를 음미하면서 눈앞에 파노라마처럼 광대하게 펼쳐진 알프스의 산들을 즐기는 모습이 부러웠다.

낯선 서양의 젊은 여행객들도 훼른니 산장의 벽에 등을 기대고 오랫동안 꼼짝 않고 알프스의 풍경 속에 몰입되어 있었다. 나는 카메라 셔터만 매만졌다. 땅만 내려다보고 갈피를 잡지 못하였다. 어디를 둘러봐도 머리 둘 곳이 없었다. 나는 어느새 마터호른의 이방인이 되어 버렸다. 터덜터덜 맥없이 거닐면서 처량한 기분에 젖어 들었다. 문득 나는 내 나이가 예순한 살임을 되뇌었다. 그런데도 나는 예순한 해 동안 집착에 대한 참회도 없이 아직도 떠돌고 있었다.

걸어도, 그리고 걸어도

이것이 정녕 나의 바닥인가? 문득 비행기를 타고 오면서 읽은 박두진 선생의 해가 생각났다. "해야 솟아라, 말갛게 씻은 얼굴 고운 해야 솟아라. 산 너머 산 너머서 어둠을 살라 먹고, 고운 해야 솟아라." 다시 솟아나려면 집착의 늪을 벗어나야 했다.

훼른니 산장 하산 하산 길은 멀리 보기보다 발밑을 자박자박 디뎌야 안전하다. 하산 길은 뒷모습조차도 저렇게 행복하고 가볍다. (위)

내리막의 비밀 내리막은 곧장 가기보다 여유를 갖고 타박타박 돌아간다. 직선이 아닌 돌아가는 묘미가 있다. 삶의 비밀이 여기 있다. (아래)

아침에 마터호른 주변에 세워둔 알펜호른이 생각났다. 알펜호른은 목동들의 신호 악기였다. 양들에게 문제가 생기면 알펜호른을 불었다. 나도 나의 알펜호른을 불고, 카메라의 문제를 공유했어야 했다. 나 혼자 문제를 풀려다 오히려 문제를 키웠다. 얼굴은 거짓말을 하지 않는다고 했다. 이번 트레킹을 통해 리셋의 교훈을 잘 살려야겠다. 일행들을 우선 살피면서 문제를 찾고, 답을 찾아야겠다. 실수는 전진하기 위한 훈련이었다.

그동안 찍었던 모든 사진을 다 잃었다. 그러나 카메라가 남아 있었다. 아직도 정상적으로 작동하고 있었다. 마음을 달래면서 한 컷 한 컷 눌렀다. 마터호른을 내려오면서 "그래 실수도, 슬픔도 함께 가는 거다."

오늘 사건을 통해 나의 슬픔뿐이 아니라 타인의 슬픔도, 실수도 함께 갈 수 있어야겠다. 나보다 누군가를 볼 수 있어야겠다. 뒤돌아보니 구름이 걷히면서 마터호른이 끝없이 하늘을 가르고 있었다. "걸으면서 얻는 생각만이 가치를 지닌다."는 게 역시 진리였다.

슈바르제 호수 산장에서 늦은 점심을 먹었다. 또다시 마터호른을 배경으로 사진을 찍었다. 우리는 스파게티 점심도 맥주도 뒷전이었다. 마터호른과 우리는 완벽한 순간을 호흡했다. 마터호른은 나를 멈추게 했고, 나의 시선을 사로잡았다. 마터호른은 다만 홀로 하늘을 배경으로 서 있었다. 마터호른은 누구나 자기 자리에서 홀로 서 있을 힘이 있음을 보여주었다.

마터호른이 어떻게 보이느냐가 신비롭지 않았다. 그 존재 자체가 신비로웠다. "말로 표현할 수 없는 것들이 있다. 그것들은 스스로를 드러낸다. 그것이 신비로운 것이다."라고 했다. 마터호른이 그렇다.

그곳을 벗어나면서도 마터호른에게 시선을 빼앗겼다. 마터호른 그대로의 모습을 본다는 것은 또 다른 즐거움이었다. 햇볕은 여전히 내리쬐었다.

체르마트의 전통가옥
체르마트 사람들은 전통 목조 가옥을 잘 보존하고 있다. 멀리 마터호른 자락이 걸쳐있다. 체르마트는 새벽과 아침, 한낮 그리고 석양에 따라 하늘과 빛이 현란하게 변한다.

바람도 열기로 가득하였다. 그러나 마터호른을 보기 위해 뒤돌아볼수록 발이 떨어지지 않았다.

길은 구부러지면서 내리막이 끝없이 이어졌다. 어디서 카메라를 눌러대도 포토 포인트였다. 빙하의 물이 냇물을 이루어 세차게 쏟아졌다. 길은 숲을 연결하는 다리로 이어졌다. 이제 마터호른을 볼 수 없는 길로 접어들었다. 걸음을 멈추고 또다시 뒤돌아보았다. 길 위에는 정적만 감돌았다. 마터호른 자락만이 시야에 들어왔다. 구도자의 길을 찾는 감격을 잃고 싶지 않았다.

수목한계선이 다가왔다. 앉은뱅이 소나무가 수목한계선에 웅크리고 앉아 있었다. 폭풍에 넘어가고, 추위에 시달리고, 햇볕에 목말라 구부러지고 뒤틀린 채로 바람에 쓰러져 가지가 땅에 닿아 있었다. 소나무는 극한의 자연 속에서 제자리를 지키고 있었다.

수목한계선을 지나면서 주필 형이 "인생도 뒤돌아보아야 내 길을 볼 수 있다."라고 강조했다. 나도 바닥에 쓰러져 목숨을 지키는 소나무를 보면서 가슴이 뭉클해졌다.

마터호른 그림자

알프스의 야생 에델바이스

마터호른 트레킹 마지막 날이었다. 오전 8시 체르마트에 위치한 벨리역Valley station에서 후니쿨라를 탔다. 산악기차인 후니쿨라는 엔진이 없이 케이블의 힘으로 궤도를 오르내리는 산악교통 수단이었다. 후니쿨라는 땅을 깎아 만들어서 그런지 서늘했다.

후니쿨라가 10분 정도 올라갔다. 수네가Sunnegga, 2283m 전망대였다. 전망대에서는 마터호른이 지척에 있는 것처럼 보였다. 이곳에서 마터호른은 동벽과 북벽을 드러내며, 어느 곳보다 장엄하고 균형 잡힌 아름다운 모습을 보여주었다.

당초 로트호른Rothorn, 3415m까지 케이블카를 타고 오버로트호른Over-Rothorn을 갈 계획이었으나, 케이블카가 블라우헤르트Blauherd, 2571m까지만 운행하였다. 할 수 없이 로트호른까지 걷기로 방향을 정했다.

양들과 길 싸움 길을 가다 한 무리의 양 떼를 만났다. 길은 외줄기로 사면에 걸려 있었다. 양들은 끝내 버티다 목에 워낭을 찬 대장 양이 밑으로 방향을 틀고 내려가자 우리에게 길을 내주었다.

그러나 슈텔리제Stellisee로 가는 방향으로 길을 잘못 들었다. 양 떼가 길을 막아섰다. 양 떼는 천하태평이었다. 작업 차량이 경적을 울렸다. 그제야 목에 방울을 차고 있는 우두머리 양이 길을 밑으로 틀었다. 누구나 집단이 되면 고집이 세어짐을 피부로 느꼈다.

로트호른을 오르는 길에서 마터호른을 조망하였다. 어제 올랐던 훼른니 산장이 작은 상자로 보였다. 마터호른은 천의 얼굴을 지녔음을 알겠다.

광활한 대지를 가르는 오솔길은 야생화가 흐드러지게 피어있었다. 오솔길은 하늘을 뒤덮은 소나무와 낙엽송을 키우고 있었고, 때로는 눈부신 설원으로 변했다. 호수는 에메랄드 빛을 띠었고, 걸으면 걸을수록 발걸음은 가벼워졌다.

고산지역의 꽃 고산지역은 식물이 자라기가 정말 어렵다. 척박한 땅에 뿌리를 내린 이끼 위에 꽃이 피어 있다. 꽃줄기도 없이 이끼처럼 바닥에 누워 겸손히 자리 잡고 있다.

로트호른3103m은 자갈이 깔린 데다 길은 황량했다. 오르막이 이어졌다. 나무도 없고, 길도 척박했다. 다만 사면을 따라 야생화가 땅바닥을 기어가면서 피어 있었다. 산허리에서 중노인이 무엇인가를 열심히 찾고 있었다.

최승관 캡틴이 중노인에게 찾아가 오버로트호른의 길을 물었다. 그는 하던 일을 멈추고 최 캡틴의 손을 잡고 길을 나왔다. 가지고 있던 나무로 땅에 지도를 그렸다. 친절한 호의에 되돌아가 감사함을 전달했다.

그는 일 년에 한 번씩 마터호른을 찾아와 야생화와 별과 마터호른을 찍었다. "오늘은 복이 많은 날입니다. 이리 오세요? 여기를 보세요? 에델바이스입니다." 나에게 손수 에델바이스를 보여주었다. 줄기에 어린 흰 빛이 또렷하였다. 에델바이스는 차가운 땅바닥에 의지하여 겨우 목숨을 버티는 것처럼 보였다. 그래도 노인은 알프스에 오면 꼭 찾아보는 꽃이라며 어린 줄기를 감격스럽게 쳐다보고 있었다.

그는 일본인이었다. 사실 나는 에델바이스를 처음 봤다. 별처럼 생긴 줄기에 흰빛이 어려 있었다. 내게는 단순한 야생초에 불과했다. 그래도 일본인의 감격스러운 표정에 붙들려 한동안 에델바이스를 사이에 두고 우리는 말없이 서로를 쳐다봤다.

아쉬운 발길을 접고 일행을 좇아갔다. 다시 한번 뒤를 돌아다 봤다. 그는 여전히 에델바이스 주변을 뚫어지게 보고 있었다. 그 이후 나는 몽블랑의 풀밭을 쳐다볼 때면 에델바이스를 찾기 위해 수 없는 시선을 던졌으나 야생 에델바이스를 한차례밖에 볼 수 없었다. 그래도 고개 숙여 에델바이스를 찾다 보면 또 다른 많은 아름다움을 만날 수 있었다.

마터호른 그림자

오르막길은 끝없이 이어졌다. 인부들은 로트호른 산등성이 길을 평탄하게 작업하고 있었다. 하나는 포크레인으로, 하나는 삽으로 빗길을 만들어 갔다. 노란 작업복을 입은 근로자는 잔잔한 풍경 속에 녹아들었다.

평탄한 곳에 테라스가 자리를 잡고 있었다. 테라스에 "The top is the peak of satisfaction."이라는 금언이 적혀 있었다. 그리고 "하산해서도 네가 경험한 정상의 느낌을 지녀라." 도 물론 중요해 보였으나 정상은 과정일 뿐이었다. 그것보다 산을 오르면서 느끼는 끝없는 희열이 더 소중해 보였다. 아니 지금 나는 이 순간 누구보다도 행복했다.

로트호른을 벗어나 다시 내리막길로 접어들었다. 상쾌하고 즐거운 기분

슈텔리제 호수 호수는 바람이 없으면 마터호른을 비춘다. 호수는 마터호른의 그림자가 없어도 특별하고 아름다웠다. 하늘은 호수에 닿아 깊숙이 들어갔다. (위)

호수 둘레길 우리들은 바람이 일자 호수 둘레길을 돌았다. 계절은 여름이나 서늘하였다. 정오의 태양이 하늘을 더욱 푸르게 만들었다. 구름은 마터호른을 넘고 있었다. 이 세상 모든 것이 평화롭게 느껴졌다. (아래)

이 이어졌다. 마터호른 주변 호숫가를 걷는 '5개 호수 길Five Lakes Walk'로 접어들었다.

한국과도 인연이 깊은 길이었다. 2010년 스위스 관광청과 제주올레가 협약을 맺어 5개 호수 길과 제주올레 6코스를 '우정의 길'로 나누어 갖고 있었다. 총 9.3㎞를 걷게 되는 트레킹 코스였다.

5개의 호수는 빙하의 물이 흘러내리면서 조성되었다. 길은 빗물에 촉촉이 젖어 갈색의 빛을 내고 있었다. 구릉이 굽이치면서 사이에 호수를 만들어냈다. 햇살은 바로 내리쬐었다. 호수들은 마터호른의 또 다른 숨결을 보여주는 것만 같았다.

이윽고 슈텔리제Stellisee 호수에 닿았다. 바람이 없고, 날이 좋을 땐 마터호른이 호수 면에 반영된 장면을 볼 수 있는 명소였다. 그러나 오늘은 바람 때문에 좀처럼 마터호른의 그림자를 볼 수가 없었다. 여기저기 삼각대를 세운 사진사들만 애를 태웠다.

사실 오후 1시가 넘었다. 지구의 자전에 따른 서풍이 불어오고 있었다. 바람이 잦아들려면 지구가 멈춰서야 했다. 지구는 계속 돌고 있었다. 마터호른의 그림자보다는 자기를 비추는 것이 나았다.

마침 정석 형이 지신밟기를 한다면서 애써 호수를 한 바퀴 돌았다. 우리는 마침내 하늘을 향해 두 손을 벌리고 누워버렸다. 태양은 하늘 가득 쏟아졌다.

문석 형이 마터호른이 비치지 않으니 우리의 얼굴을 비추자 하여 우리는 호숫가로 다가섰다. 호숫가는 거울처럼 맑았다. 잔잔한 바람이 일었으나 우리의 얼굴은 신비롭게도 물가에 묻어났다.

우리 모두 입을 열어 감탄사를 연발했다. 가슴속 깊이 감추어져 있던 응어리들이 묻어나는 것처럼 느껴졌다. 호수의 물결이 잔잔히 일어날 때마다 내 마음이 구석구석 씻겨지고 있음을 읽을 수 있었다. 이것이 살아가는 것임을 온몸이 느꼈다.

그동안 마터호른을 그저 바라보기만 했다. 마치 마터호른에 사로잡힌 것만 같았다. 그렇게 하염없이 바라보면 마터호른의 신비로운 원시성과 생명력에 매료당하였다.

고르너그라트에서, 훼른니 산장에서, 수네가에서 아무런 집착 없이 그냥 바라만 보아도 내 안의 알 수 없는 힘이 솟아났다. 내 존재 안에 마터호른만 가득 찼다.

그러다 보면 감정의 흐름도 멈추어 버렸다. 어느 순간 생각도 없어지고, 내가 나를 보고 있었다. 나의 그늘과 나의 상처와 응어리가 내 안에서 지나가고 있었다.

마터호른이 키운 산줄기가 줄기 줄기로 머물지 않고, 흐르고 있듯이 나의 그늘과 상처가 나를 키웠음을, 그것들이 나의 자궁이었음을, 그것들이 피할 수 없는 나의 정체성이고, 인생수업이었음을 이제야 곰곰이 자문해 보았다.

수네가에 도착하여 산악열차인 후니쿨라를 타고 체르마트로 다시 내려왔다. 이제 공식적인 마터호른 트레킹은 끝났다. 4일간 40km 정도를 걸었다. 매일 매일 최선의 방법을 선택하였다. 내일부터는 몽블랑 TMB 트레킹을 본격적으로 준비해야 했다.

디자인 스위스

이제 오후 일정은 개별적으로 체르마트를 걸어보는 것이었다. 체르마트는 1961년부터 마을의 화석연료를 사용하지 않고 있었다. 짐을 싣는 차량이나 택시 모두 전기자동차였다.

햄버거를 사 먹으려 스위스 프랑을 만지작거렸다. 프랑화는 색이 화려하였다. 자세히 뜯어보니 걷는 사람을 조각한 알베르토 자코메티Alberto Giacometti가 그려져 있었다. 디자인이 정교해 보였다.

기차를 타고 체르마트에 오면서 멋진 표지판들이 나를 사로잡았다. 파란색의 이정표들은 규격화된 단순함과 질서정연한 아름다움을 보여주었다. 상점에 들어가 보니 제품에 'Swiss Made', 빨간 바탕에 하얀색의 십자가가 놓인 국기를 새겨놓은 것만으로도 신뢰를 높여 주었다.

빨간색을 통해 국가 통합 이미지를 만들어가고 있음을 체르마트에서도 흔히 볼 수 있었다. 기차도 빨간색이었다. 길을 가다 만난 간판들도 시골이라 믿기지 않을 정도로 정교하고 세련된 멋이 나를 사로잡았다.

걷다 보니 체르마트 민속박물관이었다. 스위스 패스를 제시하니 무료입장이었다. 마터호른 등정에 대한 기록영화를 방영했다. 마터호른의 최초 등정을 둘러싸고 1865년 7월 14일 영국인 에드워드 윔퍼 등산 팀과 이탈리아 산악인 장 앙투안 카렐 팀이 선의의 경쟁을 벌이는 과정을 흑백기록영화로 방영하고 있었다.

박물관은 1865년 최초 등반 때 끊어진 산악 로프, 신석기 시대 돌도끼, 스위스 용병들의 유물 및 흔적 등 인간들의 끊임없는 도전, 산악인들의 신념과 위대한 열정의 역사를 생생히 그려놓았다.

박물관에는 스위스의 산악거주 역사도 선명하게 드러나 있었다. 스위스는 한때 먹을 것이 없어 용병으로 팔린 아픈 역사가 있었다. 감자 외에는 정말 먹을 것이 없을 정도로 척박한 환경이었다. 아들을 낳으면 우선 용병으

스위스 스타일

스위스는 초콜릿과 시계와 함께 디자인이 있었다. 스위스는 디자인이 도시를 만든다는 슬로건 아래 격자 스타일의 글자를 만들었다. 디자인은 스위스를 아름다운 나라로 각인시키고 있었다.

로 보냈고, 남겨진 아이가 가업을 이었다. 유난히 쟁기가 많고 소를 활용한 농법도 보였다.

18세기 이민의 아픈 역사를 갖고 있었다. 타향에서 고국을 향해 노래를 불렀다. "낯선 곳에서 고된 하루 일을 끝내고 석양을 바라보네. 지금쯤 내 고향 스위스에서도 소가 울겠지."라는 민요로 가슴을 달랬던 이야기들이 있었다.

오늘 마터호른이 나의 뿌리 백두대간을 생각게 했다. 사람은 자기가 자란 땅과 그곳에서 자란 나무를 닮는다고 했다. 마터호른의 그림자를 보면서 나를 규정하는 울림이 새롭다. 마터호른과 호흡했던 기억들이 내 속에서 또 다른 행복으로 자라고 있음을 되새겼다.

마터호른과 알펜호른(Alphorn) 알펜호른은 스위스 전통악기로 연락수단이나 젖소의 젖을 짤 때 소에게 안정감을 주도록 연주한다. 목동이 하산 길에 알펜호른을 불면 마을사람들은 저녁식사를 준비한다. (위)

의자와 기다림 모든 것은 소유자가 있다. 그러나 의자는 누구의 것도 아니다. 누군가를 기다리면서 그저 존재할 뿐이다. 의자에 앉아 알펜호른을 말없이 바라보았다. 알펜호른 너머 마터호른도 보였다. (아래)

02

TOUR DU MONT BLANC, TMB

투르 드 몽블랑

우리 또다시 걸을 수 있을까?

어디로 가야 하는지 그리고 그 끝이 어딘지는 알 수 없으나 나는 걷는다.
인간은 걸을 때 가장 가볍고, 걸을 때 자신의 몸무게를 잃어버린다.
- 자코메티

도대체
저 하얀 산은 뭐야?

알프스는 빙하가 만들었다

2019년 7월 5일 아침 전동열차를 타고 체르미트를 떠났다. 창문 밖은 온통 푸른색과 녹색이었다. 하늘은 티끌 한 점 없이 파랬고, 하늘 아래는 포도밭을 사이에 두고 농가들이 점점이 박혀 있었다.

푸른 하늘 아래 흰 눈을 덮고 있는 산도 우뚝우뚝 솟아 있었다. 호숫가 산책로에는 잠에서 막 깬 야생화들이 고개를 들기 시작했다. 기차가 지나가면서 창을 통해 아침 햇살이 파고들었다.

기차는 물살이 빠른 하천을 끼고, 작은 목장과 푸른 초지가 덮인 가파른 언덕길을 지나갔다. 그렇게 가다 시골 마을과 작은 읍내들을 지나가면서 자주 멈춰 섰다. 휴일이라서 그런지 등산객과 자전거를 메고 타는 사람이 꽤 있었다.

기차는 풀빛이 가득한 시골길을 끝없이 달려갔다. 농장에서 한가롭게

초록색 표시 부분은 우리 일행이 숙박한 장소

풀을 뜯는 소 떼들과 겨울에 쓸 땔감용 나무들을 쌓아놓은 농가들을 하염없이 지나갔다.

이윽고 상록수들이 가득한 산 위를 기운차게 올라갔다. 태양은 점점 뜨겁게 내리쬐고 있었다. 철로를 따라 흐르는 물은 석회석 때문인지 뿌옜다. 산 중턱에 매어 달린 마을들은 샤모니에 다가갈수록 훨씬 작고 아담했다.

마침내 알프스의 중심 샤모니-몽블랑 역에 4시간 만에 도착하였다. 샤모니는 빙하가 만든 도시라고 했다. "알프스를 알프스답게 만든 것은 9할이 빙하였다."고 했다. 빙하는 몽블랑 트레킹하면서 모든 것의 중심이었다. 빙하로 시작되어 빙하로 끝났다.

그래서 알프스 사람들은 빙하를 소중히 여겼다. 트레킹과 관광지는 빙하

열차여행 다시 배낭을 어깨에 둘러메고 길을 나섰다. 열차를 갈아탈 때마다 묘한 설렘이 다가섰다. "그래 여행은 이렇게 하는 거야"라는 생각이 들었다. 그리고 차창 밖 풍경도 처음부터 끝까지 아름다웠다. (위)

차창 밖 풍경 끝없이 펼쳐지는 풍경을 보면 시간 가는 줄을 몰랐다. 별다른 일이 없음에도 행복했다. 열차가 산을 넘을 때마다 새로운 풍경이 나타났다. 그런데 풀을 뜯지 않는 저 소는 무슨 생각을 할까? (아래)

몽블랑, 그 위대한 이름

소쉬르가 "도대체 저 하얀산(Mont Blanc)은 뭐야?"라고 물으면서 몽블랑은 태어났다.
그리고 몽블랑은 유럽의 어머니의 산이 되었다.

를 중심으로 빙하의 역사와 형성, 빙하호수에 초점이 맞추어져 있었다.

빙하는 지나간 세월에 대한 기억이었다. 빙하가 알프스의 첨봉과 계곡을 조각하였고, 혹독하게 불어대는 바람이 다듬었고, 눈사태와 급류가 계곡을 깊게 그리고 햇볕이 평평하게 만들었다. 특히 샤모니는 빙하가 흘러 만든 1000m의 계곡 도시라고 하였다. 스위스와 프랑스의 국경을 이루고 있는 발므 고개Col de Balme에서 보자 고개Col de Voza까지 동서로 약 23km에 걸쳐 있었다. 투르 드 몽블랑Tour du Mont Blanc처럼 긴 고구마 형상이었다.

뿌연 색의 아르브Arve강을 끼고 있었다. 강이라고 부르고 있으나 규모는 동네 하천 수준이었다. 물살은 예사롭지 않게 거세었다. 길이가 100km나 되고 제네바 인근까지 가서 론강과 합류할 정도로 힘이 있었다.

TMB는 몽블랑, 브레방, 그랑드조라스다

샤모니Chamonix역에서 나와 아르브강을 가로질러 가면 바로 중심가였다. 중심가는 닥터 파카르 거리, 그리고 발마 광장으로 구성되어 있었다. 발마Jacques Balmat와 파카르Michel Paccard는 몽블랑을 최초로 정복하였다.

여기에 발마와 소쉬르Horace Saussure 동상과 파카르 동상이 있었다. 이들이 몽블랑을 오르면서 알피니즘Alpinism이라는 말이 생겼다. 소쉬르는 알프스 최고봉인 몽블랑Mont Blanc, 4808m에 가장 먼저 올랐던 스위스의 자연과학자였다. 소쉬르는 1760년 식물을 채집하던 브레방에서 몽블랑을 마주하였다. "도대체 저 하얀 산Mont blanc은 뭐야?" 미지의 산이 몽블랑이 된 순간이었다. 공포와 두려움과 불가능의 대상이었던 몽블랑이 인간과 함께 공존하는 산이 되었다.

몽블랑을 기억하라
동상을 처음 본 순간 말을 넘어선 강력한 힘이 느껴진다. 소쉬르와 발마는 오늘도 몽블랑을 가리키고 있다. 그리고 사람들은 몽블랑을 바라보면서 산을 오르겠다는 영감을 받는다.

그날 이후 '악령이 사는 산'에서 '하얀 산'=몽블랑이 되었다. 그리고 정상 등정에 실패한 뒤 몽블랑을 오르는 사람에게 상금을 걸었고, 이를 거머쥔 사람들이 발마와 파카르였다.

소쉬르가 발마와 함께 몽블랑을 가리키며 서 있었다. 그리고 발마와 함께 등반한 파카르 박사의 동상이 몽블랑을 가리키며 자리 잡고 있었다. 발마가 최초의 정상등반이라고 주장하였으나, 소쉬르 가문의 자료를 통해 발마와 파카르가 공동 정상등반(1786년)하였음을 확인하였다.

그래서 그런지 동상은 파카르 동상이 아이들의 사랑을 받고 있었다. 우리와 달리 아이들이 올라가서 동상을 만지고 쓰다듬는 등 손때가 묻어 동상을 반질반질하게 만들어 놓았다.

샤모니는 소쉬르와 발마, 파카르 3인의 정신을 중심으로 구성되어 있었다. 그리고 몽블랑과 브레방을 병풍 삼아 자리 잡고 있었다. 몽블랑과 브레방을 중심으로 TMB Tour du Mont Blanc 루트 궤적을 그리고 있었다. 여기에 에귀뒤미디가 몽블랑 옆에 붙어있었다.

에귀뒤미디 케이블카 안내판 에귀뒤미디는 몽블랑 산군을 한눈에 조망할 수 있다. 직접 눈으로 보면 몽블랑 산군의 압도적 자태에 주눅이 들 만큼 동서남북 사방으로 광활한 풍경이 펼쳐진다.

TMB는 흡사 잘생긴 고구마가 누운 모습이었다. 프랑스와 이탈리아 국경인 세뉴 고개, 이탈리아와 스위스 국경인 페레 고개, 스위스와 프랑스 국경인 발므 고개를 사이에 두고 형성되었다.

TMB는 통상 프랑스의 샤모니와 이탈리아의 쿠르마유르Courmayeur를 통해 접근한다. 몽블랑 터널이 샤모니와 쿠르마유르를 관통했다. 프랑스 샤모니가 TMB의 출발기점으로 알려져 있으나 이탈리아 쿠르마유르를 출발기점으로 하는 사람도 상당수 있었다. TMB 루트를 둘러싼 수많은 봉우리가 있었다.

그러나 TMB에서 핵심은 몽블랑과 브레방, 그랑드조라스Grandes Jorasses, 4208m다. 여기에 에귀뒤미디Aiguille du Midi, 3842m가 첨병 역할을 했다. 에귀뒤미디는 전망대를 갖춘 관광지였다. 에귀뒤미디에 오르면 몽블랑이 지척에 보이고 반대편 그랑드조라스 등 한눈에 TMB 루트를 볼 수 있었다.

에귀뒤미디 조망

몽블랑을 걷다 보면 에귀Aiguille와 몽Mont과 돔Dome이 붙은 산 이름을 수시로 만난다. 에귀Aiguille는 바늘처럼 뾰족한 봉우리고, 몽Mont과 돔Dome은 둥그런 모양의 산이었다. 알프스산은 대부분 에귀Aiguille였다. 오늘 케이블카로 오르는 산도 에귀뒤미디였다.

에귀뒤미디Aiguille du Midi, 1030~3842m 케이블카 입구는 시장통을 방불할 정도의 관광객들로 장사진이었다. 사전 예약을 한 우리도 2시간을 기다렸다.

전망대는 케이블카를 3번 갈아타야 도착하였다. 첫 번째 기착지가 플랑 드 레귀Plan de l'Aiguille, 2317m다. 하산 길에 여기서 카페에 들러 생맥주를 마시면서 몽블랑의 장엄함과 TMB 트레킹에 대한 설렘에 젖어 들었다. 간혹 자일을 멘 건장한 등반가들이 두툼한 아이젠을 훈장처럼 달고 힘차게 내려오고 있었다. 유럽인이 자일을 멘다는 의미를 TMB를 돌고 나서야 알았다.

이어 두 번째 케이블카를 탔다. 해발 3774m의 북봉에 내렸다. 케이블카 속에서 난생처음으로 빙하를 마주하였다. 보송 빙하Glacier des Bossons다. 몽블랑을 태초부터 덮어주었던 이불이었다. 이제 수명을 다해 벌거벗은 채로 녹아내리고 있었다.

빙하는 투명할 줄 알았는데 세파에 찌든 삶처럼 여기저기 진흙탕을 구른 것처럼 뿌옇다. 장엄한 탄성을 질렀으나 아직 내게는 멀리 있는 빙하일 뿐이었다. 그냥 빙하였다.

에귀뒤미디 정상은 샤모니, 아라비, 발리 블랑슈 테라스가 있었는데 현장에서는 사람에 치여 뭐가 무엇인지 모르고 휩쓸려 다녔다. 동서남북을 바라보아도 만년설에 뒤덮인 설산과 뾰족뾰족한 봉우리만 보였다. 캡틴이

허공의 유리공간 허공에 뜬 유리공간에 들어서자 발밑이 허전할 정도로 몸이 가벼워졌다. 불현듯 고개를 뒤로 돌렸다. 몽블랑은 끄떡없이 흰 눈을 이고 거침 없는 햇살을 받아내고 있었다. (위)

만년설 등반 유럽인들은 틈만 나면 자일을 둘러메고 만년설과 암벽등반을 한다. 자일은 아마추어와 프로를 가르는 묘한 기준이 된다. (아래)

"날씨가 좋으면 마터호른이 보인다." 하며 손을 가리키고 있었으나 마음은 오히려 차분해졌다.

모두가 똑같았다. 구태여 마터호른을 찾을 필요가 없었다. 그랑드조라스가 한눈에 들어왔다. "저곳을 지나간다. 내가 저 산의 허리를 밟을 수 있다."는 뿌듯한 자부심이 몰려왔다. 여기에 만년설 속의 블랑슈 계곡을 한 발 한 발 오르고 있는 설산의 트레커들이 감동을 더 했다.

"그래 저거야. 저렇게 걷는 거다."

사람의 인파 속에서 밀려다니다 중앙봉을 올랐다. 서밋 테라스Summit Terrace, 3842m다. 몽블랑의 5봉을 지척에서 마주하자 "몽블랑이 이런 것이구나!" 하는 실감이 들었다. 저 몽블랑의 민낯을 누구도 못 보았다. 몽블랑만이 억겁의 세월을 숨죽이면서 우리를 지켜보고 있었다.

유독 서밋 테라스는 기억에 깊이 새겨졌다. 에귀뒤미디의 모든 것이 통과의례적인 지나감처럼 기억에 없으나, 서밋 테라스는 나의 흔적이 남아있을 것만 같았다.

"스텝 인투 더 보이드"Step into the void는 허공에 떠 있는 유리공간이었다. 발밑으로 만년설이 밟힐 것 같았다. 2.5m의 공간 속을 20초 정도 안내인들이 사진을 찍어주었다. 20분 정도를 기다렸다.

모두 자기만의 독특한 표정을 갖고, 진지하게 사진을 찍고 있었다. 순간 어떤 표정으로 찍어야 하나? 자문해 보았다. 넋을 놓고 찍는 게 어떨까? 이럴 때 제정신으로 표정을 만들면 어쩐지 어색하게 느껴졌다.

그래 허공을 보자! 표정 없이 유리공간을 나오자 겸연쩍었으나 "그게 나지~"라는 묘한 기분이 스며들었다. 지금도 나의 그 어색한 표정이 싫지 않다. 지금까지 살아온 내 인생의 몸짓이 바로 그런 너스레였음을 스스로 알겠다.

어디서 왔느냐?

그러고 보니 캡틴이 출발지를 에귀뒤미디로 정한 마음을 알겠다. TMB는 프랑스, 이탈리아, 스위스 어디서 접근해도 의미가 있었다. 돌고 나면 같았다.

산티아고 순례자들은 걷는 자들끼리 만나면 "어디서 출발했는가?"를 무의식적으로 묻는다고 했다. 왜냐면 생장피에드포르, 앙다예 등 피레네 산맥을 넘어온 사람들을 정통 순례자로 치는 관습이 있었다. 산티아고 순례자 증명서를 받기 위한 순례길 걷기가 성행해서 그렇다.

그런데 TMB는 어디서부터 걷느냐를 묻지 않는다. "어디서 왔느냐?" 어느 나라 출신을 묻는다. TMB는 어디서 걷든 같았다. 그냥 걷는 곳이었다. 어떤 의식을 갖추거나 명예로운 증명서도 없었다. 걷기를 좋아하는 사람들이 모여 걸으면 그만이었다.

여기서는 어떤 형식에도 구애받지 않고, 내가 걷고 싶은 길을 걸으면 되었다. 나는 이것이 TMB의 가장 큰 장점이라고 생각했다. 여기서는 걷는 사람만 있었다. 자기를 드러내놓고 매일매일 자기와 대화하면서 자기를 보면 그뿐이었다.

샤모니에서 첫 저녁을 먹으면서 트레킹 전략을 짰다. 채문식 캡틴은 선두에 발이 빠른 대원으로 구성하고, 중간에 여성들을 세우고, 후미에 차분히 걷는 대원으로 정리했다.

A조는 마터호른 캡틴을 맡았던 최승관 형이 조장이 되어 페이스 조절을 맡았다. 김종철 형과 박정석 형이 배치되었다.

B조는 캡틴의 부인인 이재숙 님이 조장을 맡았다. 캡틴과 산행보조를 맞

추는 솜씨가 남달랐다. 이재숙 형수의 자매 2분이 동행하였다. 2번으로 불린 이현숙 님은 글을 맛갈스럽게 쓰시는 분이었다. 5번 이임숙 님도 오랜 산악인의 멋이 풍겼다. 장미숙 형수님은 매사 맺고 끊는 모습이 분명하였다.

C조는 서문석 형이 조장을 맡고, 송주필 형과 박필진 형에다 내가 기록을 맡았다.

어디서부터 걷는가는 이미 정해졌다. 『투르 드 몽블랑The Tour of Mont Blanc』을 쓴 케브 레이놀즈Kev Reynolds의 말에 따라 샤모니서 출발하여 반시계방향으로 돌기로 했다.

TMB는 GR TMB와 변형 루트variante, 1/5만 지도의 점선 표시로 구성되어 있었다. 미아지 산장, 푸르 고개, 사핑 계곡, 아르페트 고개 등 4개 지역의 변형 루트를 걸었다. 변형 루트는 GR TMB와 달리 TMB의 원형이 잘 보존된 데다 난이도가 컸다.

어쨌든 우리는 난이도와 어려움을 생각할 수도 없었다. 첫발을 어디서 시작하는가 보다는 한시바삐 몽블랑에 부딪히자는 생각밖에 없었다.

그래도 매일 고도차 1000m를 극복하려면 많은 어려움과 시련이 따라올 것이었다. 매일 축적되는 피로도를 60대인 우리가 이길 수 있을까? 아니 우리의 정신력이 버틸 수 있을까? 12명이 한 팀으로 뭉칠 수 있을까?

자코메티Alberto Giacometti가 "어디로 가야 하는지 그리고 그 끝이 어딘지는 알 수 없으나 나는 걷는다. 인간은 걸을 때 가장 가볍고, 걸을 때 자신의 몸무게를 잃어버린다."라고 했다. 그래 걷는 것이다. 내 몸무게를 잃어버릴 수 있도록 몰입하는 것이다.

자연은 자비를 베풀지 않는다

1일 차 | 07.06 Sat (총 누적거리 17km)

시작지점	도착지점	고도/m	고도차/m	구간/km	누적/km	시간/분
레 우슈(Les Houches)	벨뷔(Bellevue)	1801		케이블카	0	30
벨뷔(Bellevue)	구름다리(Suspension bridge)	1720	(81)	1.8	1.8	25
구름다리(Suspension bridge)	트리코 고개(Col de Tricot)	2120	400	2	3.8	95
트리코 고개(Col de Tricot)	미아지 산장(Ref de Miage)	1559	(561)	1.9	5.7	45
미아지 산장(Ref de Miage)	트뤽 산장(Aub Du Truc)	1720	161	1.5	7.2	50
트뤽 산장(Aub Du Truc)	레콩타민(Les Contamins)	1167	(553)	5	12.2	90
레콩타민(Les Contamins)	노트르담 성당(N-D de la Gorge)	1210	43	3	15.2	50
노트르담 성당(N-D de la Gorge)	낭보랑 산장(Ref Nant Borrant)	1460	250	1.8	17	70

<고도차: 붉은색은 내리막>

이동: 9시간, 이동거리: 17km

- 출발점은 레 우슈에서 케이블카를 타고 벨뷔로 이동, 벨뷔 출발
- 벨뷔를 지나 좌측으로 산허리를 따라가면 구름다리 ⋯› 트리코 고개(오르막) ⋯› 미아지 산장(분지) ⋯› 트뤽 산장(오르막)
- 트뤽 산장에서 내리막 따라가다 우측 숲길로 가면 레콩타민 마을 ⋯› 레콩타민 교회통과, 오른쪽 봉랑천을 끼고 가면 노트르담 성당 ⋯› 성당을 지나 오르막 숲길 ⋯› 낭보랑 산장

몽블랑의 힘

아침은 호텔 조식으로 부랴부랴 때웠다. TMB를 출발한다는 부담감이 압박감으로 다가왔다. 호텔에 맡길 짐을 꾸린 뒤 배낭을 주섬주섬 매듭지었다.

채문식 캡틴이 "1g이라도 줄여라. 1kg을 줄이면 10km를 더 걷게 해준다."라고 강조했으나 어쩔 수 없이 13kg을 넘겼다. 긴장감이 앞서는 까닭인지 짐을 져도 무겁다는 느낌이 별로 없었다. 짐을 로비에 두고 삼삼오오 길에 모였다.

60대 중반의 한국인이 우리 틈을 비집고 들어와 넉살 좋게 입담을 벌였다. 25년 전에는 일본인 젊은이들이 신혼여행지로 샤모니를 선호했다. 최근에는 중국 젊은이들이 많이 보인다. 중국이 무섭게 성장하고 있음을 피부로 느끼겠다. "왜 TMB 하세요?" 하면서 웃었다.

"왜 샤모니에 오셨어요?" 주필 형이 대꾸하듯 되받아쳤다.

60대는 "샤모니를 좋아해요!" 하며 몽블랑을 쳐다봤다.

"우리도요!"라면서 주필 형은 스틱을 아스팔트에 타닥타닥 찍어댔다.

몽블랑 걷기는 막연히 알프스의 동경에서 시작되었다. 알프스의 동경이 길을 떠나게 만들었다. 그것이 모든 것이었다

그러나 샤모니Chamonix에서 한 가지 분명한 사실을 알았다. 몽블랑은 자신을 태초 이래로 감추는 힘이 있음을 느낄 수 있었다. 몽블랑이 우리를 불러들였음을, 아니 몽블랑이 우리를 선택하였음을, 알 수 없는 몽블랑의 힘에 이끌려왔음을 걸으면서 느꼈다.

샤모니 쉬드 버스정류장을 출발하여 9시 10분 레 우슈에 도착하였다. 레 우슈Les Houches는 프랑스 샤모니 TMB의 출발점이었다.

샤모니 멀티 패스 표로 케이블카에 몸을 실었다. 케이블카는 카드로 탈 수 있었다. 케이블카가 올라가면서 샤모니 전경과 아름다운 몽블랑을 마주하였다. 전망이 확 트였다. 그동안 갖고 있던 걱정과 근심이 풍경 속으로 사라졌다.

자연은 자비를 베풀지 않는다

오늘의 코스는 레 우슈에서 구름다리, 트리코 고개Col de Tricot, 2120m, 미아지 산장Refuge de Miage, 1559m과 레콩타민을 거쳐 낭보랑 산장Refuge de Nant Barrant, 1460m까지 17km였다.

채문식 캡틴은 TMB를 성공하기 위한 전제조건이 집중력임을 강조했다. 초조해하거나, 욕심을 내거나 페이스를 잃지 말아야 한다. 나의 의지와 생각, 힘을 걷기에 집중해야 한다. 힘이 빠질 때, 걸을 수 없을 때, 포기하고 싶을 때도 흔들리지 않고 TMB에 집중해야 한다.

캡틴은 "자연은 자비를 베풀지 않는다."는 걷기 철학을 갖고 있었다. 여기에 캡틴의 철학이 응축되어 있었다. 그것은 의지력이었다. 열정이자 헌신이었다.

TMB 이정표가 트리코 고개와 미아지 산장을 가리켰다. 조심스럽게 살펴보았다. 우선 TMB 초록색 도장이 찍혀있었다. 연한 노란색 바탕에 초록색 화살표와 초록색 글자로 거리가 아닌 시간이 표시되어 있었다.

트리코 고개 2시간 15분, 미아지 산장 3시간 35분이 인쇄되어 있었다. 어떻게 걸어야 2시간 15분이지 하는 의문이 들었다. 우리의 거리 km와 달리 시간과 분 단위로 계량되어 있어 어색함이 밀려왔다. 그래 여기는 프랑스였다.

공존 여름산과 겨울의 눈 덮인 산이 함께 서 있다. 몽블랑 산군 어디를 가도 짙푸른 하늘을 배경으로 어우러져 있다. 이를 배경으로 표지판이 미아지 산장의 고도가 1550m임을, 레콩타민까지 1시간 50분이 걸린다고 알려주고 있다.

길을 내려서자 철길이 정겹게 놓여 있었다. 몽블랑 트램의 톱니바퀴가 낭만적 정취를 불러일으켰다. 프랑스에도 이런 것이 있구나. 몽블랑 트램Tramway du Montblanc 벨뷔역이었다. 트램은 관광객과 몽블랑 정상등반 베이스캠프 이용자들이 주로 탔다. 트램은 해발 2372m까지 올라갔다.

철길을 건너면서 숲길로 첫발을 떼었다. 우리에게 몽블랑은 낯선 환경이었고, 처음 느끼는 공간이었다. 몽블랑 새내기였던 우리들의 감격은 대단했다.

나도 몽블랑의 첫걸음은 특별하게 느꼈다. 누구를 만나도 '봉주르!', '안녕하세요!' 여기저기 인사를 나누는 흥분으로 바빴다. 우리들의 존재를 마구 알려댔다.

이윽고 걷기는 냉정한 현실로 다가왔다. 처음의 흥분이 그렇게 빨리 가

미아지 산장 가는 길 해는 중천에 걸렸다. 시간은 정오를 지나가고 있다. 바람도 잦아들었다. 하늘은 수정처럼 맑았다. 우리도 말없이 비탈길을 내려섰다. (위)

미아지 산장의 휴식 우리는 투르 드 몽블랑의 대표적 산장인 미아지에 도착하였다. 강렬한 햇살을 받으면서 등산화를 벗고, 스파게티와 감자요리를 먹었다. 식사하는 동안 따사로운 햇살이 쏟아졌다. (아래)

라앉을 줄 몰랐다. 왼쪽으로 평탄한 길에 고즈넉한 숲길이 이어졌으나, A조와 B조는 벌써 꼬리가 보이지 않았다. 꼬리를 잃어버리면 안 되었다. 누가 말한 것도 아닌데 우리는 뛰듯이 걸었다.

걸을 때 사진 한 컷을 찍으면 30~40m의 간격이 벌어졌다. 풍경을 보는 등 조금만 한눈을 팔아도 앞 팀과의 거리가 꽤 많이 벌어졌다. 그래도 우리들의 수다는 그칠 줄을 몰랐다.

별안간 내리막 물소리가 세찼다. 비오나세Bionnassay 봉우리에서 흐르는 빙하가 녹아 만들어낸 물이었다. 드디어 빙하가 나왔다. 빙하가 빚어 만든 알프스의 속살을 밟았다. 빙하가 허물어져 물이 되어 흐르는 것을 보니 영원한 것은 역시 없었다. 물만 있을 뿐이었다.

얼떨결에 일정표에서 본 구름다리1720m였다. 일단 우리가 아는 지명이 나오자 안심하면서 애써 여유를 되찾았다.

채문식 캡틴이 구름다리 중간에서 일일이 기념사진을 찍어주고 있었다. 2조의 형수들이 자연스럽게 사진을 찍고 있었다. 벌써 저렇게 TMB에 적응할 수 있을까? 어찌 저렇게 자연스러울 수 있을까? 일면 부럽기도 하나 애써 외면하면서 다리를 쫄랑쫄랑 넘었다.

다리를 건너 잠시 쉬면서 아침에 장미숙 형수로부터 받은 식염 포도당을 먹었다. 사실 몇 번이고 망설였다. 처음 보는 데다 식염에 대한 거부감이 앞섰다. 그러던 차에 형수가 식염 포도당 효능과 임상체험을 말하자 납득할 수 있었다.

사막의 낙타도 소금을 먹었다고 힘주어 말했다. 낙타처럼 말없이 걸어야 할 지금 소금은 양식이었다. 사람의 새로운 습관을 들이기란 참으로 어렵다.

여기도 한라산이 있네!

오전 10시경 구름다리를 넘어서자 오르막이 시작되었다. 오르막이 들어서면 긴장했다. 이 고비를 넘어야 한다는 강박감이 앞섰다. 주변을 돌아보기 어렵다.

땅만 보고 걸었다. 뒤처지지 않겠다는 평범한 목표가 자신을 압박했다. 통상 앞사람의 뒤꿈치만 보고 걸었다. 그러다 보면 아름다운 경치가 사라지고 오르막만 남았다. 힘겨운 자신과 싸움이 힘을 발휘했다.

이때 채문식 캡틴이 저만치서 기다리고 있었다. 우리 일행이 접이식 의자에 앉아 있는 모습이 경이롭게 보였다. 지나가는 유럽인들이 '원더풀!' 하면서 접이식 의자를 보고 감격해했다. 우리 모두 대한민국의 힘을 외쳤다. 정말 단순한 힘이 우리를 결속시키고, 우리를 일으켜 세웠다.

짙푸른 감청색의 하늘이 눈부셨다. 태양을 품은 하늘은 빛나지 않으면서도 빛을 뿌렸다. 땅을 보았다. 땅에는 철쭉같이 붉은 알펜로즈Alpenrose가 눈을 시뻘겋게 뜨고 있었다. 우리가 지나가자 알펜로즈는 도처에서 빨강! 빨강! 빨강을 소리쳐 외치고 있었다.

잠시 걷기도 그만두었다. 우리는 이제 알프스 사람이었다. 여기서 누웠다. 여기서 좀 더 머물고 싶었다. 내 몸에서 시간이 빠져나가고 있었다. 어디선가 바람이 불어왔다. 붉은 알펜로즈가 흔들리면서 향기를 뿜어내고 있었다. 바람도 이곳에 머물고 싶다는 듯 자비를 베풀고 있었다.

11시 10분 트리코 고개Col de Tricot, 2120m다. 고개에 다다르자 하늘 높이 떠 있는 태양이 인상적이었다. 햇볕은 트리코 고개에 가득 차 있었다. 태양은 땅 위로 넘쳐났다. 계곡은 더욱 넓게 자리를 잡고 있었다. 풍경이 순식간에

몽블랑 풍경 걸을 때마다 새로운 아름다움이 펼쳐졌다. 한 걸음을 더 할 때마다 몸도 가슴도 뜨거워졌다. 그리고 나 자신도 몽블랑의 평화로움 속으로 빨려 들어갔다.

눈앞에 펼쳐졌다. 미아지 산장이 그림처럼 박혀 있었다. 우리는 때 묻지 않은 자연을 마음껏 숨 쉴 수 있었다.

눈부시게 아름다운 광경에 말을 잃었다. 아니 무슨 말을 할 수 있을까? 역시 아름다움은 보는 사람이 만들었다. 말하지 않고 가만히 들여다보니 알프스 침묵의 소리가 들려왔다. 여기서 더 조금만 아주 잠깐만 더 머물고 싶었다.

지도를 보니 왼쪽에는 보라세산Mont Vorassay과 오른쪽으로는 비오나세봉Aiguille de Bionnassay을 끼고 있었다. 미숙 형수가 "비오나세봉은 영락없이 한라산입니다."고 흘려 말했다. 다 같이 "그렇다."면서 힘들이지 않고, 이견 없이 화답했다. 감격의 순간은 모두를 하나 되게 만드는 힘이 있었다.

앞쪽으로 미아지 산장Refuge de Miage이 나지막하게 자리를 잡고 있었다. 오르막과 달리 내리막은 안도감을 지니고 걸었다. 일단 앞 팀이 눈에 훤히 보였다. 눈에 보이는 믿음이 있었다. 산장 옆쪽으로 몽골 텐트가 쳐져 있었다. TMB 산악 마라톤 예선전이 벌어지고 있었다.

대화

12시 30분 미아지 산장은 동화 같은 풍경 속에 자리 잡고 있었다. 알프스의 신성한 꽃 에델바이스가 화단을 채우고 있었고, 주변에는 엉겅퀴와 자줏빛 루피너스, 붉은 바늘꽃이 여기저기 자리를 잡고 있었다. 산장은 작은 마을처럼 꾸며져 있었다.

양과 소들을 키우는 목장이 보였다. 산장의 지붕은 세련된 슬레이트와 강원도에서 볼 수 있는 너와 지붕들이 함께 있어 운치를 더해주었다. 산장은 돌로 쌓은 기단과 나무를 이어 만든 벽, 창문은 바람막이가 나무 덧창으로 만들어 달려있어 한겨울의 바람이 거세다는 것을 웅변적으로 보여주었다.

산장은 프랑스의 대표적 산장답게 각양각색의 모습을 한 트레커들로 북새통이었다. 우리도 생맥주와 커피, 감자 요리, 스파게티, 오므라이스, 오믈렛을 시켰다. 음식 앞에서는 조용해지는 법인데 지금은 조용할 수가 없었다. 너도나도 한마디씩 거들다 보니 식사 시간이 마무리되었다.

무심코 산장의 식당 문을 열고 들어갔다. 중년의 건장한 남성이 밝게 "봉주르!" 하면서 반갑게 인사를 했으나 인사성 밝지 못한 나는 웃음으로 고개를 까딱했다.

어색함을 피하려고 벽을 봤다. 벽에는 오래된 대나무 스틱이 달려있고,

미아지 산장의 화단 에델바이스는 고귀한 흰빛이란 뜻이다. 별 모양의 꽃으로 알프스의 별이라고도 부른다. 아침이슬에 젖은 에델바이스를 보면 행운이 깃든다고 한다. (위)

목장 풍경 길을 걷다 보면 한가롭게 풀을 뜯는 소들의 나지막한 울음소리와 딸랑딸랑 방울소리가 싱그럽다. 햇살도 바람결에 실려오는 달콤한 꽃향기 속에 따사롭게 깔려 있다. (아래)

눈이 오면 신는 설피에 세월의 때가 묻어 있었다. 대나무 설피와 날카롭게 바닥을 편 쇠로 만든 설피가 매달려 있었다. 그 옆으로 커다란 워낭을 장식해 놓았다. 프랑스인의 오래된 자존심을 세워두는 공간처럼 다가왔다.

옆자리에 미국인 부자가 생맥주를 사이에 두고 도란도란 이야기가 한창이었다. 아버지와 아들 모두 진지한 가운데 머리를 맞대고 때로는 편안히 웃고, 때로는 서로를 어루만졌다.

문득 아들이 떠올랐다. 음악을 하다 진로를 바꿔 일본에서 기계공학을 전공하고 일본의 자동차 회사에 들어갔다. 유학할 때도, 취직해도 한 번도 일본에 가본 적이 없었다.

사실 어느 순간부터 아들과는 문제가 생길 때마다 성격 차이로 치부하고 외면하였다. 서로가 서로에게 상처를 주지 않으려 조심하면서 어느 순간 데면데면해져 있었다.

불현듯 미국인 부자의 격의 없는 대화를 보면서 아들과의 아픈 기억이 상처처럼 돋아났다. 돌이켜보니 아들을 이해하기보다 내 잣대로 아들에게도 상처를 주었다.

이제 내가 할 수 있는 일이 무엇일까? 일본에 가야겠다. 그리고 아들에게 들어야겠다. 무엇이든 들어봐야겠다. 아들이 무엇을 원하는가 알아야겠다. 그리고 아들과 함께 가는 방향을 보아야겠다.

미아지 산장의 목가적 분위기를 그냥 넘길 형수들이 아니었다. 한바탕 소들과 사진을 찍고, 포즈를 취하고, 어디서 그런 열정과 호기심이 나오는 줄 모르겠다.

미아지 산장을 떠나면서 주필 형이 "왜 백인들만 유독 많을까? 그래, 트레킹은 유럽의 부르주아들로부터 시작되었다. 백인들의 전유물인데 우리가 끼어들었다."고 했다. 그 이후 누가 걷나 유심히 보았다. 정말 라틴계와 앵글로색슨 세상이었다. 거기에 우리와 중국과 일본이 끼어들고 있었다.

미아지 산장 이후 어느 정도 오르막을 거쳐 다시 평탄한 내리막이 이어졌다. 길옆으로 트뤽 산장Auberge du Truc, 1720m이 한가롭게 자리를 잡고 있었다. 소 떼들도 평화롭다 못해 권태롭게 느껴졌다.

이때 큰 누님이 화장실을 다녀오셨다. "화장실 안에 톱밥이 든 부대 자루와 국자가 놓여 있었다. 이렇게 하니 냄새도 잡고, 파리도 없었다. 참 좋은 아이디어다." 어디든 자기만의 삶의 방식이 있었다. 무엇이든 만나면 새로운 현실을 볼 수 있었다.

레콩타민의 실수

계속 내리막길을 걷다 좌측으로 인도하는 이정표가 서 있었다. 다시 낙엽송이 무성하고, 나무들이 알프스답게 쭉쭉 뻗어 있었다. 내리막 숲길은 고즈넉하였다. 나무들 사이로 햇살이 스며들었다.

30분 정도를 걸었다. 레콩타민Les Contamines, 1167m 입구의 내리막길이었다. 말이 나무에 묶인 채로 무거운 짐을 지고, 쉬고 있었다. 서양인 10여 명이 옹기종기 이야기꽃을 피우면서 '봉주르!' 하고 수인사를 했다.

여기서 60대 한국인 부부를 만났다. 남자는 한눈에 길을 많이 걸어본 특유의 기운이 풍겼다. 배낭부터 남달랐다. 네팔, 미국 등 걷기가 있는 곳을 찾아 배낭으로 비박을 하면서 걸었다고 했다.

"저는 천천히 걷습니다."를 강조하였다. 산행 초보인 부인과 함께 TMB를 천천히 걷고 있었다. 오늘은 레콩타민 야영구역서 비박한다며 힘주어 걸어

트뤽 산장의 성모상 알프스 어디를 가도 각양각색의 성모상이 있다. '살아온 기적이 살아갈 기적이 된다.'는 말처럼 앞으로 걸어갈 인생도 기적이 찾아오길 소원하는 것처럼 느껴졌다.

가고 있었다. 그의 발걸음을 보면서 남편은 천천히 걷는데 부인은 달리듯 걷는 것처럼 보였다. 저들의 조화는 어떤 비밀이 숨겨져 있을까?

레콩타민Les Contamines, 1167m에 들어섰다. 에비앙 물이 수도꼭지에서 마음껏 흘러내리고 있었다. 길이 반듯하고 정돈이 잘된 한적한 마을이었다. 교회에서는 결혼식이 한창 진행 중이었다.

우리는 그곳에 자리를 잡았다. 일찍 도착하였다면서 여유롭게 사진을 찍고, 900년 된 노트르담 성당의 역사를 이야기하였다.

30분 정도가 지났다. 승관 형이 "이렇게 가까웠나?" 그러자 누군가 "이의를 달지 맙시다!" 하면서 가벼운 신경전이 벌어졌다.

캡틴이 "나도 뭔가 이상하다. 노트르담 성당에서 오르막을 거쳐 낭보랑 산장Refuge de Nant Borrant, 1460m인데 여기는 내리막이야!" 급기야 주변을 탐문해 보니 노트르담 성당은 40분을 더 걸어야 했다. 행장을 다시 수습하고 길을 나섰다.

선두의 발걸음이 빨라졌다. 이를 보고 필진 형이 또 한마디 참견을 하였다. "거기서 거기여~" 이에 문석 형이 "백마고지 다 왔다 생각하여 허리띠를 풀었는데 또 가야 하남!" 사실 세상 살아보니 화장실 갔다 온 후는 정말 달랐다. 다 왔다 하고 다시 시작하려 하니 발걸음이 무거운 것은 어쩔 수가 없었다.

레콩타민을 관통하면서 봉낭천Bon Nant Torrent의 회색 빙하수를 옆에 끼고 걸었다. 마을이 잘 정돈되어 있었다. 여기서 잤어도 좋을 뻔하였다. 이에 캡틴이 "비용이 뒷받침이 안 돼요?" 아마 오늘 숙소는 마구간이 될 모양이었다.

생존의 현실

뛰듯이 걸어 노트르담 성당Notre Dame de la Gorge, 1210m에 도착하였다. 900년 역사답게 고졸한 모습이 다소곳하였다. 성당 안을 돌아봤다. 100여 석의 아담한 규모였다. 성화들이 인상적이었다.

그래도 시간이 남아 30분의 휴식을 취하였다. 걷고 난 뒤 휴식은 달콤하였다. 캡틴은 시차로, 승관 형은 피로로 꾸벅꾸벅해도 우리는 로마 시대 수로로, 중세시대 마녀사냥으로 이야기꽃을 피웠다.

노트르담 성당을 나와 오르막 숲속 길을 어스름 역에 걸었다. 그런데 황혼의 모습을 띠어야 할 햇무리가 또렷했다. 밝은 대낮이었다. 북위 48도 이상의 백야현상이었다.

이어 로마 시대에 만든 석조다리 폰트 로메인Pont Romain, 1425m을 건넜다. 몽주아 계곡Val Montjoie의 울창한 수목을 지나 저녁 7시에 낭보랑 산장Refuge de Nant Borrant, 1460m에 도착하였다.

낭보랑 산장은 산양의 생태를 보았다. 산장 주인이 최신형 광역 망원경을 빌려주었다. 산양 6마리가 눈 속으로 들어와 눈을 먹고 있었다. 눈 속의 염분과 수분을 섭취하고 있었다.

산양과 염소는 염분을 채우기 위해 필사적이라고 했다. 이들은 염도를 맞추기 위해 사람의 오줌을 파먹거나 염분이 있는 땅을 핥기도 한다고 했다. 사람이나 야생동물이나 생존은 어쩔 수 없는 현실이었다.

낭보랑 산장은 우리나라의 산장 형태와 비슷하였다. 2층 침상에 욕실도 공동으로 사용하고, 화장실도 3개를 갖고 40여 명 이상이 사용하였다.

산장에서 목욕은 또 다른 전쟁이었다. 나는 전쟁에 익숙하지 않고 게으르다 보니 경쟁하는 목욕은 아예 포기하였다. 그러나 문석 형은 보기와 달리 몸을 씻는 데 강박관념이 있을 정도로 잘 씻었다. 여기서도 그 치열한 경쟁을 뚫고 목욕탕을 선점하였다.

선점까지는 좋았으나 산장의 목욕실은 잠깐만 실수를 하면 사고가 터졌다. 잠금장치를 종종 잃어버리는 경우가 다반사였다. 문석 형도 문을 열어 놓고 목욕을 했다.

스페인 여인들이 형의 목욕하는 모습을 보았다. 그런데 밖에서 보니 목욕하는 사람도, 보는 사람도 너무나 자연스러워 국경이 무너진 것처럼 보였다. 산장은 남녀의 경계가 없었다. 자기가 하는 일이 제일 중요했다.

레콩타민 마을 레콩타민은 작은 소읍이다. 빙하와 산에 둘러싸여 있다. 어디든 도착하면 사진기 셔터를 눌러댔다. 그런데 개는 "SEPRA'TIK"을 생각하고 있다. 무슨 뜻일까? 눈치로 보아 배설물 포장인 것 같다. (위)

트뤽 산장 트뤽 산장의 모습이 이색적이다. 오래된 함석지붕이 산장의 연륜과 프랑스인들의 고집을 말해주고 있는 듯하다. (아래)

삶은
내가 내린 닻

2일 차 | 07.07 Sun (총 누적거리 33.8km)

시작지점	도착지점	고도/m	고도차/m	구간/km	누적/km	시간/분
낭보랑 산장(Ref Nant Borrant)	발므 산장(Ref de la Balmme)	1706	246	2.5	2.5	55
발므 산장(Ref de la Balmme)	조베 평원(Plan Jovet)	1920	214	1	3.5	30
조베 평원(Plan Jovet)	본옴므 고개(Col du Bonhomme)	2329	409	2.8	6.3	90
본옴므 고개 (Col du Bonhomme)	크로와뒤 본옴므 고개 (Croix du Bonhomme)	2483	154	1.6	7.9	115
크로와뒤 본옴므 고개 (Croix du Bonhomme)	푸르 고개 (Col de Fours)	2665	182	0.8	8.7	20
푸르 고개 (Col de Fours)	푸르 계곡 전망대 왕복 (Tete Nord des Fours)	2756	91	1	9.7	35
푸르 계곡 전망대 왕복 (Tete Nord des Fours)	글라시에 마을 (La Ville des Glaciers)	1789	(967)	5.5	15.2	165
글라시에 마을 상단 (La Ville des Glaciers)	모테 산장 (Ref de Mottets)	1870	81	1.6	16.8	50

<고도차: 붉은 색은 내리막>

이동: 9시간, 이동거리: 16.8km

- 낭보랑 숲길 완만한 오르막 ··· 발므 산장 ··· 조베 평원
- 발므 고개(완만한 오르막) ··· 본옴므 고개부터는 2000m 이상의 고산지대 트레킹 ··· 크로와뒤 본옴므 고개 ··· 푸르 고개(오르막)
- 푸르 고개에서 좌측으로 30분 오르막을 오르면 몽블랑 조망 이후 푸르 고개로 돌아와 내리막 계곡길 끝이 글라시에 마을
- 글라시에 마을에서 좌측으로 하천을 끼고 평지성 오르막을 따라 걷다 보면 모테 산장

가자, 가자, 다 함께

낭보랑 산장은 와인이 좋았다. 산장 주인도 활달하고, 등산객들 편의를 잘 봐주는 등 배려심이 깊었다. 내가 밤에 별을 찍는다고 하자 새벽 2시경이 좋은 시간대임을 알려주면서 행운을 빌어주었다.

일찍 잠자리에 들어 새벽 2시경 일어났다. 밤은 칠흑같이 어두웠고, 창을 때리는 빗소리도 컸다. 그래도 밖을 나가봤다. 별안간 천둥이 치고, 벼락이 산 중턱을 때리면서 밤하늘은 한바탕 장관을 이루었다. 삼각대를 접고 다시 숙소로 기어들어 갔다.

그래도 아침은 언제 비가 왔느냐 하듯 거짓말처럼 맑았다. 다만 풀잎 끝에 달린 빗방울만이 엊저녁의 광란을 기억하고 있었다. 678 전략 즉 6시 기상, 7시 조식, 8시 출발을 서둘렀다. 최승관 조장이 몸을 푸는 체조를 이끌었다.

이어 채문식 캡틴이 "오늘은 2000m를 오르내려야 한다. 본음므 고개와 푸르 고개를 넘는 힘든 구간이다. 따라서 조별로 행동을 통일해야 한다."면서 조별호흡 강화지침을 새롭게 내렸다.

우리 C조는 긴급 구수회의를 하였다. A조는 이번 TMB에서 준비된 그룹이었다. B조는 걸음이 탄탄하였다. 우리 C조는 언제든지 낙오 가능성이 있었다.

이럴 때는 함께 가는 거다. 대열 이탈을 말자고 다짐하면서 다 함께 "가자, 가자, 다 함께!"라는 행동 통일 구호를 외쳤다. 산장 주인이 문을 열고 박수치면서 승리의 사인을 보내주었다. 우리 스스로 힘을 만들었다. 아니 힘이 솟아올랐다.

산장 마당에는 달팽이 한 마리가 길을 나섰다. 길을 들어서자 또 다른 달팽이가 외출을 나서고 있었다. 달팽이는 겨울잠을 자는데 여름이라서 나온 모양이었다.

달팽이가 많은 지역은 석회질이 많다. 달팽이는 탄산칼슘으로 껍데기를 만들어 터전을 만들기 때문이었다. 피부호흡을 해서 햇빛이 있는 낮에는 활동을 안 한다. 달팽이에게도 아직 시간이 남아 있어 보였다. 달팽이를 풀잎 가로 밀어주고 발을 재촉하였다.

산장을 벗어나자 비박Bivouac 장소가 나왔다. 산장시설과 별도로 공중화장실과 급수대가 보였다. 멀리서 분홍색 텐트 하나가 외롭게 보였다. 엊저녁 얼마나 힘들었을까?

비박을 해본 사람들은 안다. 비 오는 날의 습기, 한기에 따른 절박함과 험악함을 어찌 잊을 수가 있을까? "사람의 몸을 이렇게 불편하게 할 수 있는가?" 비박의 혹독함은 인내와 불쾌감의 싸움이었다. 비 오는 날 비박은 박 터지게 버텨내는 것밖에는 길이 없다. 동병상련의 정을 느끼면서 지나갔다.

알프스에서는 목초지가 꽃밭이 되고, 목초지가 어느 정도 자라면 풀을 3회 정도 베는데 이는 목장주에게 귀중한 수입원이다. 여기도 벌써 풀이 많이 베어져 있었다. 베어진 풀이 내는 향내가 무척 강렬하였다. 두엄 냄새도 섞여 목가적 분위기를 더해주었다.

하늘은 벌써 높이 올라가 있었다. 알프스는 아침에도 하늘이 무척 높았다. 페나즈봉Aiguille de la Pennaz, 2684m은 길게 하늘을 가르고 있었다. 생각보다 평탄한 길이었다.

삶은 내가 내린 닻

발므 산장Refuge de la Balme, 1706m은 양철지붕에 목재로 울타리를 엮었다.

낭보랑 산장 깊은 산속에 자리를 틀고 있다. 인터넷도 없고, 사방이 산으로 둘러싸여 있다. 숲길을 따라 이어진 호젓한 산책로가 인상적이다.

산장 이용자만 화장실을 이용할 수 있었다. 과객은 공중화장실을 이용하라고 안내하고 있었다. 모테 산장까지 6시간 55분이 남았다는 이정표도 나타났다.

과거 로마가 게르만정복을 위해 이 고개를 넘었다. 세상의 모든 길이 사람과 삶의 역사이었다. 그때부터 이 길은 로만 로드Roman Road로 불렸다고 했다. 로마라는 이름이 더해지자 그 길들은 남다른 의미로 다가왔다. 그 길에서 보는 풍경은 또 다른 감흥을 불러일으켰다.

문석 형이 미국인과 대화를 나누었다. 멀리서 뻐꾸기 소리가 들려왔다. 형이 "뻐꾹! 뻐~ 뻐꾹!" 하면서 의성어로 뻐꾸기 소리를 화답하였다.

이어 조베 호수Lacs Jovet 갈림길이 나타났다. 오솔길을 넘어 너덜지대를 건너자 조베 평원Plan Jovet, 1920m이 나타났다.

푸르 고개 능선 푸르 고개는 돌로 이루어져 있어 척박하기가 그지없다. 우리가 걸을 때는 짙은 안개가 둘러쳐져 있어 지척을 분간하기가 어려웠다.

주필 형이 "그래 지나온 나의 삶이 어떻든 나의 삶에 선물을 주자! 따지지 말자! 그냥 그대로 가자!" 하면서 힘을 내자고 독려하였다. 자갈길과 눈이 덮인 완만한 오르막을 지났다. 눈이 녹아내리고 있었다. 진흙 빛이 눈밭에 완연하였다.

사람의 발길이 녹여놓은 흔적을 꾹꾹 밟고, 질척질척 스틱을 찍으면서 길을 걸었다. 한기가 몸으로 스며들었다. 모두 말없이 자기 길만 걸었다.

담 평원Plan des Dames, 2286m의 돌무덤이 의연하게 자리를 틀었다. 바람이 소리도 없이 지나갔다. 본옴므 고개Col de Bonhomme, 2329m다. 오두막 대피소를 중심으로 사람들이 모여 있었다. 우리가 도착하자 몇 사람이 일어나 타박타박 길을 떠나고 있었다.

고개에 오르면 편안하였다. 그리고 머물고 싶었다. 고개는 걷는 사람들에게 위로를 주었다. 나도 여기서 더 머무르고 싶었다. 그러나 시간은 고개에서 어찌 그리 바삐 가는가를 모르겠다.

대피소 안에서 사람들이 지나가는 바깥을 내다봤다. 바깥을 보면서 누구인가 나를 보고 있었다는 생각이 불현듯 앞을 막았다. 언젠가부터 내가 남을 보듯, 누구인가 나를 보고 있었다는 생각에 가슴을 앓았던 일들이 떠올랐다.

핸드폰을 3~4개씩 마련하고, 무엇인가에 쫓겼던 지난날들이 생각났다. 삶은 내가 내린 닻이었다. 일어서야겠다. 문을 나서야 길을 떠날 수 있었다.

본옴므 고개를 넘고, 빙하 천을 만났다. 채문식 캡틴이 여기서 좌판을 폈다. 빙하 물을 떠다 불을 지폈다. 당초 낭보랑 산장의 샌드위치를 점심으로 할 생각이었으나, 서울서 가져온 짐들이 줄어들지 않자 비상식량을 먼저 소진하여 짐을 줄이는 전략을 짰다.

컵라면을 먹고, 누룽지탕을 만들어 훌륭한 한식을 만들어 먹었다. 덕분에 배낭 무게도 줄어들기 시작했다. 식사 중에 60대 한국인 부부가 합류하여 함께 식사를 나누었다. 60대 부부는 비박으로 몽블랑을 일주하고 있었다.

우리가 음식을 주려 했으나 산에서는 자기 음식을 자기가 먹어야 한다면서 한사코 거절하였다. "산사람들은 자기 힘으로 자기 길을 간다."는 산사람의 살아 있는 철학을 다시금 실감하였다.

나는 내 길로 간다

식사를 마치고 다시 오르막이 시작되었다. 크로와뒤 본옴므 고개Col de la Croix du Bonhomme, 2483m를 가는 길은 황량하고 바람만이 불었다. 눈이 덮이고 바위들이 깔린 너덜지대였다. 별안간 안개가 휩쓸었다. 사방을 분간할 수 없는 안개 정국이었다. 고갯마루도 마찬가지였다.

채문식 캡틴은 "그래도 푸르 봉우리를 가면 몽블랑을 볼 수 있다." 하면서 우리를 독려하였다. 주필 형과 문석 형이 짐을 지키도록 하고, 스틱만 챙겨서 푸르 봉우리L'ete Nord des Fours, 2756m로 돌진하였다.

30분 정도 오르자 안개는 요동을 쳤다. 이쪽 능선을 비추더니 돌연 몽블랑 쪽을 뒤덮었다. 케브 레이놀즈Kev Reynolds는 "푸르 능선은 모든 것을 상쇄할 만큼 압도적 경치를 보장하였다."고 했다.

그러나 안개 때문에 아무것도 볼 수 없었다. 20여 분을 방위돌판만 보면서 기다리다, 결국 하산을 택할 수밖에 없었다.

푸르 고개Col des Fours, 2665m부터는 내리막이었다. 다만 위험요소가 상당히 도사리는 구간이었다. 나는 우선 지형을 이리저리 살폈다. 능선과 능선을 보면서 눈길 구간을 피할 방법을 모색했다. 시간이 걸리더라도 바윗길로 하산하기로 작정하였다.

푸르 고개의 능선은 암벽으로 형성되어 있었다. 남향으로 기울어져 있어 눈이 다 녹은 상태였다. 이 능선을 타면 가능하다는 확신이 들었다.

문석 형에게 "나는 내 길로 간다." 말하고 서둘러 길을 떠났다. 길이 낭떠러지면 돌아와야 하므로 발을 빨리했다. 암벽을 타는 데 이번 TMB를 위해 바꾼 잠발란 가이드 포스트가 바위 착지에 탄력이 있었다.

걸음에 자신감이 붙었다. 바위를 타는 내 모습이 가벼웠다. 백두대간을 타던 당시의 리듬이 회복되고 있었다. 바위의 탄성과 내 발의 움직임이 균형을 잡고, 몸은 가볍게 발의 흐름에 맡겨졌다.

그렇다! 나는 바위를 타고 있었다. 비록 내리막이었으나 거칠 게 없었다.

푸르 고개 풍경 푸르 고개를 내려서자 안개가 걷히고, 바위들로 이루어진 비탈길이 이어졌다. 뭉게구름 속의 몽블랑 산군이 그림처럼 박혀있다. 기막힌 천변만화의 날씨였다. (위)

푸르 계곡의 하천 계곡을 내려오면 어김없이 빙하와 만년설이 녹아내린 실개천을 만난다. 간혹 물살이 거세고 물이 차가워 신발을 벗고 건너면 오싹한 기운에 몸서리가 쳐진다. (아래)

걸음을 옮길 때마다 체중을 실어 나를 밀었다. 확실하게 바위를 밟으면서 발이 아닌 엉덩이로 체중을 이동시켰다.

체중을 이쪽에서 저쪽으로 옮길 때마다 알 수 없는 확신이 나를 감동케 했다. 나는 걷기의 새로운 세계를 느낄 수 있었다. 참으로 빠른 시간에 하산하였다.

길을 내려와 일행을 기다렸다. 눈밭 중간에서 정석 형이 채문식 캡틴과 부둥켜안고 있었다. 눈밭의 가속도를 이기지 못해 눈밭을 굴렀다.

승관 형은 스틱이 부러지면서 중심을 잃었고, 종철 형도 눈밭의 재앙을 피하지 못하였다. 눈이 녹아내리면서 밤에 얼고 하여 스틱을 섣부르게 짚으면 영락없이 엉덩방아를 찧었다.

일행을 기다리는데 중년 부부가 말을 걸어왔다. 한국 사람이었다. 자신들도 편한 라자 산장Chalets de la Raja, 1780m보다는 험한 푸르 고개를 선택하였다면서 "트레킹도 등산이었다. 어려움이 없는 등산은 산에 대한 예의가 아니다." 하면서 등산 철학을 펼쳤다.

"60대이나 70 중반까지는 산을 타고 싶다. 어려움을 극복할 때마다 살아있음을 느낀다." 60대의 여성이 참으로 당차게 자기를 보여주고 있었다. 약간의 거부감을 느끼면서도 귀담아들었다. 그녀에 비해 남편은 참으로 조신하고 말이 없이 웃고만 있었다. 알피니스트 부부의 평화 유지법처럼 느껴졌다.

지금을 즐기자

그래도 푸르 고개를 넘자 글라시에 빙하와 눈이 녹아 만든 물은 곳곳에서 장관을 이루었다. 푸르 고개를 벗어나자 태어나서 야생화를 제일 많이

푸르 계곡의 야생화 길을 가다 접이식 의자를 펴고 풍경을 보고 있으면 신선이 따로 없다. 바람에 실린 야생화 내음과 알프스 특유의 푸른 하늘은 태초의 모습처럼 느껴졌다.

보았다. 눈을 들어 동서남북을 봐도 야생화를 융단처럼 깔아 놓은 군락지였다.

B조 일행이 길을 벗어나 야생화 군락지에 누워버렸다. 그들은 사진을 각종 포즈의 형태로 찍었다. 이어 "지금을 즐기자." 하면서 아예 일어설 생각이 없었다. 길을 따라 내려오면서 야생화는 더욱 지천으로 피어나 있었다.

우리도 계곡을 따라 배낭을 내려놓았다. 오후 4시였다. 그래 족욕과 커피 타임이었다. 물에 담근 발은 10여 초를 버티지 못하고 빼낼 정도로 차가웠다. 꽃의 이야기, 푸르 고개를 넘는 이야기, 안개 속의 몽블랑 조망실패 등 온갖 이야기가 나와도 싫은 기색들이 없었다.

프랑스의 향수문화가 발달한 것은 꽃 때문이었다고 입을 모았다. 채문식 캡틴이 "날씨가 받쳐주어 다행이었다. 날씨가 나쁘면 힘들다."면서 리더답게 겸손히 오늘의 산행을 평가했다.

그러다 필진 형이 물에 들어가다 바위에 미끄러져 넘어지고 말았다. 순식간에 벌어진 일이었다. 물에서 나와 바지를 걷어보니 무릎에 온통 피가 번졌다. 비상 약품으로 응급처치를 하였다.

다행히 물이 깨끗하고 차가워 감염의 염려는 적어 보였다. 부상은 걷는 데 지장을 주지 않았다. 산에서는 잠시만 한 눈을 팔아도 부상이다. 그리고 부상은 돌이킬 수 없는 경우가 많았다.

쉬고 나서 길을 재촉하였다. 길의 갈래가 많았다. 여기저기 온통 길이었다. 모테 산장은 분명 좌측에 자리 잡고 있었다. 그런데 길이 TMB 길이 아니었다. 현지인들에게 물어물어 모테 산장을 찾았다.

그러나 세상에 공짜는 없었다. 길을 돌아오면서 프랑스 낙농의 현장을 만났다. 소들이 100여 마리 정도가 되었다. 워낭소리가 오케스트라처럼 청아하게 하늘로 퍼졌다.

소들이 목동개의 몰이에 따라 줄을 맞추어 착유기 차량에 들어섰다. 아기 소들도 어미 소를 따라 줄을 맞추어 착유기 차량을 들어갔다 나왔다. 어릴 때부터 착유 습관을 들여 젖을 짜려는 목동들의 지혜인데 안쓰럽게 보였다. 세상을 살려니 어쩔 수 없을 것처럼 보였다. 우리네 생도 똑같다는 생각에 씁쓸했다.

이리 가고, 저리 가다, 모테 산장Refuge des Mottets, 1870m에 도착하였다. TMB의 길은 참으로 많았다. 그래 세상은 학교였다. 더욱이 모테 산장의 침상을 보고 세상은 학교라는 사실에 공감했다. 산장은 총 20명이 군대 침상처럼 일렬로 자야 했다.

산장 외관을 보니 외양간을 개조한 모습이었다. 소들이 양옆으로 매여 있던 모습을 살려 침상을 만들었다. 군대 침상과 똑같았다. 여기서도 버틸 수 있었다. 군대 생활이 대견스러워졌다.

더욱이 놀라운 사실은 푸르 고개 밑에서 만난 60대 부부가 동국대 산악반 출신에다 내가 좋아하는 신인섭 경복고 선배의 동국대 후배였다. 세상의 인연은 끝나지 않고 계속되었다.

저녁을 먹기 전까지 시간이 남았다. 우리는 생맥주를 마시면서 자기소개를 했다. 장미숙 형수는 "남편을 잘 만나 오늘 여기에 오게 되었다. 완주하겠다." 채문식 캡틴의 부인인 이재숙 님도 "우보천리다." 이현숙 님은 겸손히 "대학 시절부터 걸었다. 아직도 걷고 있다."에 울림이 컸다.

채문식 캡틴은 강한 정신력으로 온전한 TMB를 만들자. 승관 형은 호기를 부리다 스틱을 부러뜨렸다면서 자책하였다. 문석 형은 걷기는 순리임을 알겠다.

정석 형도 넘어진 오늘을 거울삼아 신중히 걷겠다. 주필 형은 걷기 학교서 많이 배우겠다. 필진 형은 오늘 상처를 거울삼아 매사 신중해야겠다. 종철 형은 사진을 잘 찍어 기록을 남기겠다고 했다.

그리고 오늘 걷기의 총평을 하면서 푸르 고개의 낙마사건이 화제가 되었다. 사실 눈길에 대한 사전지식 부족과 각자도생하겠다는 의욕이 화를 자초하였다. 앞으로 팀플레이를 강화하자고 다짐하였다. 매일매일 반성과 내일을 위한 준비를 빼곡하게 하였다.

산장의 식당은 외양간을 개조한 모습이었다. 천장에 닭장과 소의 목에 거는 워낭들이 너덜너덜 걸려있었다.

그러나 외양간 모습과 달리 식사는 빵과 콩 수프, 양고기 스튜가 일품이었다. 여기에 와인이 곁들여졌다. 와인은 우리에게 익숙한 보르도 와인의 강렬한 맛을 원했으나, 토종 와인으로 선택했다.

모테 산장의 흥겨운 만찬 모테 산장은 장식품을 농기구로 하여 외양간을 개조하여 만들었음을 웅변적으로 보여주었다. 오래된 과거 속에서 프랑스 민요와 와인은 이방인들의 마음을 들뜨게 하였다. (위)

열쇠고리 무수한 열쇠들이 주렁주렁 매달려 있다. 농장의 역사와 힘을 말해주는 것처럼 보였다. 자본주의 냄새가 물씬 났다. (아래)

포도주 예찬

필진 형이 "한 병의 포도주에는 세상의 모든 책이 들어있다. 오늘의 추억과 아쉬움, 회한을 묻어 버리자!"며 건배를 제안하였다. 와인은 역시 태양이 빚어낸 신의 음료였다.

지친 우리들의 목에 포도주가 떨어지자 그지없는 기쁨을 주었다. 포도주는 우리 모두를 승자로 만들었고, 우리 모두를 닮게 만들었다.

포도주는 인간을 공격할 때 불같은 힘을 지녔다더니 역시 포도주는 마법이었다. 우리는 우리 안에 감추어 두었던 수다를 끄집어내었다. 그렇다고 포도주 예찬이나 맛, 향을 말하지도 않았다.

밑도 끝도 없는 장황한 이야기들이 이어졌다. 모두가 먹고, 마시고, 이야기했다. 술은 사방에 넘쳐났다. 술 마시기는 전염병처럼 이리저리 퍼졌다.

포도주는 우리들의 비밀 이야기들을 쏟아 놓게 했다. 좋은 술은 이야기로 시작해서 이야기로 끝나는 것이었다. 역시 포도주 밑바닥에는 영혼이 감춰져 있다는 말이 옳았다. 우리의 두려움과 걱정이 사라져 버렸다. 고삐가 풀린 우리는 몸과 마음마저도 빠져들었다. 그렇게 우리는 하나가 되었다.

산장 측에서는 2단 사각형 뮤직박스로 프랑스 민요와 목동의 음악들을 들려주었다. 단조 같은 프랑스 음악은 아리랑을 생각나게 했다. 그러면서도 음악은 포도주와 함께 우리를 하나로 묶어 주었다. 우리는 어느새 손에 손을 잡고 합창을 하고 있었다.

그동안 양어깨를 짓눌렀던 배낭과 시간의 짐을 잊기 위해 지금은 마음 내키는 대로 달렸다. 종일 지친 심신이 녹아내리면서 순식간에 흥분의 도가니가 만들어졌다. 스페인, 프랑스, 미국 할 것 없이 모두 하나가 되었다.

그러면서 우리는 자기가 하고 싶은 이야기들을 늘어놓았다. 그동안 억눌렸던 짐들이 풀어졌다. 정신도 풀어져 버렸다. 결국에는 누구도 듣지 않고, 자신의 이야기만을 하게 되었다. 아무런 반응이 없어도 좋았다.

그러다 오로지 자신의 포도주만을 비우면서 포도주와 대화하였다. 포도주 밑바닥에 감추어진 영혼을 찾으려 했으나 누구도 찾지 못한 채 그렇게 하루가 갔다.

밖에 나와 보니 한참을 보냈는데도 훤하였다. 백야현상임을 알겠는데도 무엇인가 이상하였다. 외양간에서 말의 울음소리가 경쾌하였다.

프랑스 젊은 여인 하나가 말에 올라탔다. "이랴, 이랴, 야호 오오!" 하면서 석양 속으로 빨려 들어갔다. 도약의 말발굽 소리와 석양에 비친 환상적 자태가 우리들의 입을 다물게 했다. 모테 산장은 광활한 자연 속에 물들어갔다.

모테 산장의 추억 석양 속에 침묵이 흐르고 있었다. 젊은 여인 하나가 정적을 깼다. '이랴!' 하는 외침과 대지를 밟는 말발굽의 약동하는 힘이 감동적이었다.

프랑스와 이탈리아가 만나는 국경

3일 차 | 07.08 Mon (총 누적거리 49.2km)

시작지점	도착지점	고도/m	고도차/m	구간/km	누적/km	시간/분
모테 산장(Ref de Mottets)	세뉴 고개-국경(Col de Seigne)	2516	646	4.5	4.5	125
세뉴 고개-국경(Col de Seigne)	카세메테 휴게소(La Casermette)	2365	(151)	0.8	5.3	25
카세메테 휴게소(La Casermette)	엘리자베타 산장 (Refugio Elisabetta)	2195	(170)	2.8	8.1	60
엘리자베타 산장 (Refugio Elisabetta)	콩발 호수 삼거리 (Lac Combal)	1958	(237)	3.3	11.4	60
콩발 호수 삼거리(Lac Combal)	미아지 호수(Lac du Miage)	2020	(62)	0.5	11.9	20
미아지 호수(Lac du Miage)	라 비자이 버스종점(La Visaille)	1670	(350)	3.5	15.4	60
라 비자이 버스종점(La Visaille)	쿠르마유르(Courmayeur)	1226	(444)	버스		

<고도차: 붉은 색은 내리막>

이동: 8시간, 이동거리: 15.4km

- 모테 산장 ···› 세뉴 고개(오르막) ···› 카세메티 휴게소(내리막) ···› 엘리자베타 산장(내리막) ···› 콩발 호수 ···› 빙하호수 조망
- 빙하호수 ···› 콩발 삼거리서 왼쪽으로 내리막 도로 걷기 ···› 라 비자이 ···› 쿠르마유르행 버스 ···› 쿠르마유르 타베르니에 호텔

TMB 최고의 경치: 세뉴 고개

잠자리가 아무래도 불편하였다. 맞은 편 프랑스인들도 우리를 의식하였다. 거기에다 우리 모두 6일 차가 되면서 몸이 조금씩 틀어졌다. 승관 형이 발에 물집이 잡혔다면서 구급약품을 찾았다. 문석 형도 입술이 터졌다. 정석 형도 입술 언저리가 부르트고 있었다.

앞쪽 유럽인들이 잠자리를 치우는 소란이 거슬렸다. 우리가 힘든 몸짓으로 자리에서 어기적거리는 동안 프랑스 여자가 정리정돈을 외치고 있었다. 아침 6시 프랑스 여인의 외침은 짜증에 짜증을 더했다. 누구도 반응하지 않자 머쓱해져 나가버렸다.

아침이면 침구를 정리하는 것도 중요한 일과이나 무엇보다 배낭정리가 늘 커다란 혼돈이었다. 옷을 입고, 선크림과 통증연고를 바르고, 손수건을 찾고, 선글라스를 챙기면 떠날 시간이었다. 아무리 정리정돈을 하여도 되풀이되는 혼돈을 피할 수가 없었다. 우리는 나이를 탓했으나 어쩔 수 없는 한계였다.

채문식 캡틴은 아침을 먹으면서, 세뉴 고개Col de la Seigne, 2516m의 고도차가 646m다. 오전에 서두르면 오늘은 평탄한 하루를 보낼 것이다. 그러나 세뉴 고개는 프랑스와 이탈리아의 국경과 이탈리아의 몽블랑인 몬테비안코 조망이 커다란 의미가 있다. 편한 길이나 매사 신중하자 산을 두려워해야 한다고 강조하였다.

최승관 조장의 국민체조로 몸을 풀었다. 국경을 넘어 이탈리아로 넘어간다는 데 가벼운 흥분을 느꼈다. 우리 C조는 초반 국경 오르막이니 주변경관과 힘의 안배에 주의를 기울이자면서 발을 떼었다.

세뉴 고개의 화살표
한동안 자리를 뜰 수 없었다. 누군가 박석 16개를 끌어다 프랑스와 이탈리아를 넘어가는 길목에 그렸다. 바람이 거센 세뉴 고개에서 흔들리지 않고 꿋꿋하게 자리를 지키고 있었다.

7시 30분 모테 산장Refuge de Mottets, 1870m을 나섰다. 산장을 나서자 미국 고교생들이 미 공군기 B-17 폭격기 훈련 중 사망한 미 공군대원 8명의 추모탑에 묵념을 하고 있었다.

아침햇실을 정면으로 받자 이들의 실루엣이 엄숙한 분위기를 자아냈다. 미국 우선이라는 뿌리와 이를 실천하는 미국인의 애국주의가 한눈에 보였다. 모테 주변의 광대한 대자연 속에서 묵도하는 장면은 한 장의 그림 이상이었다.

세뉴 고개Col de la Seigne, 2516m는 하늘을 향해 구불구불 남도 3백 리처럼 이어져 있었다. 고개를 오르면 오를수록 정감이 넘쳐흘렀다. 아침이슬을 받은 야생화도 함초롬하게 고개를 숙이고 있었다.

이른 아침부터 평탄작업을 하는 근로자들의 활기가 넘쳐났다. '봉주르!' 하면서 따뜻한 웃음을 짓는다. 우리도 '안녕, 봉주르!' 하자 하이파이브로 응답해주었다. 예기치 않은 '봉주르!' 친절이 우리들의 걸음걸이를 힘 있게 해주었다.

고개를 오르면서 유독 서양 여인들의 종아리가 특이했다. 이상한 층들이 다리를 가로질러 울퉁불퉁하게 나 있었다. 역시 원칙에 강한 정석 형이 나섰다. "남자와 달리 운동량이 부족한 중년여성들에게 석회석층이 남은 현상이었다."고 규정했으나 별로 틀리지 않아 보였다. 아니 다른 답을 찾기도 어려웠다.

세뉴 고개는 경사진 가파른 고갯길이었다. 지그재그로 이어진 오솔길에 때 묻지 않은 아름다움이 서려 있었다. TMB의 모든 구간이 아름다우나 세뉴 고개는 국경이라는 특별함과 막힐 것이 없는 뒷모습이 환상적이었다.

걷다가 힘들면 뒤돌아보았다. 목가적 풍경과 거칠 것 없이 뻗어 있는 목초지, 풀을 뜯는 소들이 마음을 넉넉하게 해주었다. 길을 잘 나섰다. 스스로 위로하면서 하늘을 쳐다보니 가슴 가득 알 수 없는 기쁨이 충만해졌다.

세뉴 고개도 로마 시대부터 걷던 길이라고 했다. 이 길을 통해 이탈리아와 프랑스가 만났다. 사람의 숨결이 촘촘히 뻗은 길에 실핏줄처럼 이어져 있었다. 프랑스와 이탈리아 사람들의 거친 숨결과 고단한 삶의 모습들이 배어 있었다.

빙하는 계곡을 따라 흘렀다. 산장에서 사용하는 물도 계곡물이었다. 계곡물로 그동안 밥도 짓고, 라면도 끓여 먹고, 목마르면 마셔도 이상이 없었다. 에비앙 원수라고 해도 손색이 없는 물맛이었다. 바닥을 기는 관목 외에는 나무가 없었다. 야생화만 즐비하였다.

어디를 봐도 거칠 것이 없었다. 계곡과 빙하, 물, 야생화로 TMB 최고의 경치를 보여주었다. 세뉴 고개를 넘다 보면 국경이라는 생각이 안 들었다. 역시 자연은 국경이 없었다. 이를 반증하듯 마멋marmot이 뛰어놀았고, 알프스 산양이 한가롭게 풀을 뜯고 있었다.

말과 당나귀
흰말은 주인이 던져준 빵조각을 덥석 물었다. 뒤쪽의 당나귀는 먼발치서 부러운 듯 바라보고 있다. 흰말이 어느 정도 허기를 채우자 이내 당나귀도 남은 빵조각을 베어 물었다.

블랑슈 계곡의 풍경

몽블랑 어디를 가도 야생화가 지천이나 한쪽 구석에는 무수한 박석들이 어지럽게 쌓여 있다. 이곳은 이탈리아군들의 병영으로 사용한 흔적이 있다.

걷는 데 서두를 일이 없었다. C조라는, 늦어도 된다는, 천천히 서두르자는 여유가 주변을 둘러보게 되었다. 나도 몸을 되도록 천천히 움직였다.

발가락이 아닌 발바닥 전체로 바닥을 누르는 데 힘을 기울였다. 하체도 다리가 아니라 되도록 엉덩이를 이용하여 발을 움직이면서 오히려 힘도 덜 들어가는 사실을 확실히 체험하고 있었다. 오르막 걷기가 의외로 쉬워졌다.

문석 형이 중턱을 넘어서자 "이게 호연지기浩然之氣야! 호연지기란 몸으로 체험하면서 내 것이 되는 거야! 이번 TMB 정말 잘 왔다."며 TMB의 의미를 부여했다.

이에 필진 형이 "생연지기生然之氣"를 느낄 수 있겠다면서 말을 틀었다. 주필 형이 "자연지기自然之氣야!" 자연의 흐름에 맡겨! 우리 모두 한바탕 웃었다.

나이를 먹다 보니 하나의 말이 터지면 삶의 훈장처럼 토가 달려 나왔다. 말이 많으면 일단 늙었다고 치부하는 것이 맞았다. 우리는 나이를 잘 먹고 살아온 걸까? 알프스는 우리에게 많은 자극을 주고 있었다.

어느새 세뉴 고개Col de la Seigne, 2516m다. 프랑스와 이탈리아의 국경이었다. 평범한 케른Cairn, 돌무덤이 국경임을 웅변적으로 보여주었다. 국경의 낮인데도 바람은 황소바람이었다. 바람마저 없었다면 국경이 아닐 것만 같은 세뉴였다. 이 케른이 세뉴의 모든 것처럼 외롭게 서 있었다. 우리가 걸어온 이정표처럼 보였다. 아니 앞으로 걸어

가야 할 길잡이로 굳건히 서 있었다. 별안간 햇살이 케른을 비추었다. 나도 케른 옆에 섰다. 햇살이 흠뻑 내리쬐었다. 아니 햇살의 세례를 받았다.

요리는 창조다

세뉴 고개를 오를 때 고개만 오르면 길이 끝날 것처럼 보였다. 고개에 오르자 길은 새로 시작되었다. 세뉴를 넘어 광활한 신세계가 펼쳐졌다.

고개 하나를 넘은 것에 불과한데도 나의 한계를 새롭게 넘은 것처럼 느껴졌다. 아니 나의 한계를 새롭게 깨닫고 있었다. 알프스가 주는 현실이 새로웠다.

세뉴 고개로부터 받은 깊은 인상은 내 몸속에 소중하게 새겨졌다. 이탈리아의 몽블랑인 몬테비안코Montebianco가 구름 속에 잠겼다.

길을 따라 내려오면서 카세메테 휴게소La Casermetta, 2365m가 있었다. 과거 이탈리아와 프랑스를 오가는 사람들이 거쳐 가는 관문이었다. 한 때는 이탈리아 국경 수비대의 병영으로 사용되었다.

지금은 리모델링하여 박물관과 산악 정보 센터로 이용되고 있었다. 이탈리아 사람들의 알프스 사랑과 산악인들의 도전에 초점이 맞추어져 있었다. 이탈리아가 오히려 TMB 트레커들을 배려한다는 생각이 강하게 들었다.

카세메테 휴게소를 지키는 이탈리아 관리인 여자가 우릴 보더니 물었다. 현지 가이드와 함께하고 있느냐?

이현숙 님이 "아니 없다."고 대답하자. 관리인은 'Good~' 하며 엄지를 치켜세웠다. TMB 걷기는 하나의 상품이 되어갔다. 이럴 때 세속적 상품이 아니라 우리가 찾고 걷고 고민하면서 가는 길이 주변 사람들에게도 가치 있

엘리자베타 솔디니 산장 이탈리아는 전설적 산악인들을 기려 산장 이름을 지었다. 프랑스와는 다른 몽블랑에 대한 자부심이 묻어났다. 이탈리아 맥주 BIRRA MORETI도 중절모를 눌러 쓴 노신사가 그려진 병이 정감 있었다.

게 보임에 감사했다. 이렇게 오기를 잘했다.

내리막길이 이어졌다. 블랑슈 계곡Vallon de la Lée Blanche과 베니 계곡Val Veny이 알프스 영봉들을 병풍처럼 늘어세웠다. 녹지 않은 눈들이 박혀 있었고, 여기에 주홍, 노랑, 하얀 야생화들은 바람에 부대껴서인지 키가 작았다.

그러나 형형색색의 꽃들이 빚어낸 야생화 초원지대였다. 야생화는 광활한 계곡을 생기있게 만들어 주었다. "그래 알프스야~" 정상에 불던 바람은 자취를 감추었고, 뙤약볕이 바로 내리쬐었다.

세뉴 고개는 바람뿐만 아니라 악천후로도 명성이 자자하였다. 오늘의 바람도 예사롭지 않게 거세었다. 그런데 오늘 우리는 축복받은 저 꽃길을 내려가기만 하면 되었다. 상상이 안 되는 길이었다.

르 블랑슈Lée Blanche 초원은 강이 구불구불 이어져 흐르고, 주변에는 소들이 풀을 뜯고, 바람결에 워낭소리가 실려 왔다. 주변 집들도 나무보다는 돌로 만든 지붕에 돌담으로 만들어져 강한 인상을 보여주었다.

기도처에는 성모마리아 상이 철창 속에서 외롭게 서 있었다. 돌과 시멘트로 얼기설기 쌓은 모습이 처연하였다. 여기저기 2차 대전 당시 이탈리아 주둔군들의 병영터가 잔해처럼 남아 있었다.

점심을 준비할 시간이었다. 에비앙 원수를 받아다가 라면을 주재료로 빵과 치즈, 햄을 다져 넣었다.

주필 형이 "요리는 창조다!"를 외치면서 의미를 부여했다. 견공의 철학에다 함께 웃음을 던지면서 수저를 들었다. 옹기종기 60의 나이에 둘러앉은 모습은 먹어야 산다는 단순한 사실을 서로에게 확인해주었다. 그래도 우리에게는 정말 따뜻하고, 행복한 밥상이었다.

설거지를 마쳤다. 종철 형이 "맥주다. 맥주는 여행이 우리에게 주는 행복이다."라면서 엘리자베타 솔디니 산장Rifugio Elisabetta Soldini, 2195m을 가리켰다.

빙하의 시간

채문식 캡틴은 산장 가운데 드물게 빙하를 끼고 있는 유서 깊은 산장임을 강조하였다. 이탈리아의 여성 산악인 '엘리자베타 솔디니'를 기념하여 가족들이 지어 헌납하였다.

현재는 이탈리아 알피니스트 클럽에서 운영하고 있음을 알려주었다. 왠지 이탈리아가 로마의 후예임을 강조하고 있다는 생각이 들었다.

엘리자베타 산장은 한 폭의 그림 같았다. 모든 트레커들이 머물고 싶어

하는 최고의 명소다웠다. 우리도 방문 의식을 치르듯이 꾸역꾸역 올라갔다. 그리고 이탈리아 맥주인 비라 모레티BIRRA MORETTI의 부드러운 맛에 취하면서 콩발 호수Lac du Combal를 내려다봤다.

누군가 미국 억양으로 "안녕하세요!"에 뒤돌아보니 미국인 톰이었다. 자신은 미국에서 "한국인 가이드가 직업이었다." 하면서 귀요미라고 소개했다.

"한국 사람들 대단하다. 그것도 60대가 안내인도 없이 구글 지도로 가고 있다니 상상이 안 간다." 하면서 행운을 빌어 주었다. 현재를 즐기라면서 알프스 영봉과 콩발 평원, 콩발 호수를 가리키면서 길이 잘 나 있었다고 덕담을 했다.

내리막 경사를 따라 걸었다. 베니 골짜기Val Veny를 내려오니 강을 만났다. 빙하가 녹아 만든 강이었다. 유럽인들은 어디를 가든 빙하들을 강조하였다. 빙하를 보고 만져보는 모습이 만감에 젖어 보였다.

나는 도무지 빙하에 대한 감정이 일어나지 않았다. 빙하! 진흙이 묻은 얼음 조각, 옛날 고향에서 밟았던 얼음 조각보다도 감동이 없었다. 오히려 빙하가 녹아 만든 야생화의 초원지대만 보면 가슴이 뛰었다. 저렇게 엄청난 야생화의 물결에 압도당한 충격만이 아직도 남아 있었다.

콩발 평원은 TMB의 풍경과는 다르게 평상의 유럽으로 돌아왔음을 보여주었다. 산을 따라 내려오는 폭포, 작은 하천들, 푸른 초원이 아름답게 펼쳐졌다. 블랑슈 빙하가 만든 하천이 흐르고, 블랑슈 계곡에서 이어진 물도 목초지대를 지났다. 이 길의 끝에 콩발 호수가 모든 물을 담고 있었다.

콩발 호수 언저리에 삼거리가 있었다. 여기서 트레커들은 선택을 한다. 오른쪽 산길은 TMB의 전형적 산길로 이탈리아 길의 진면목을 볼 수 있는 길이 이어진다. 메종비에이 산장Rifugio Maison Vieille, 1956m을 넘어 쿠르마유르Courmayeur, 1226m로 간다.

그러나 우리는 3일에 한 번은 제대로 된 식사와 목욕이 필요하다는 데 의견을 같이했다. 메종비에이 산장보다는 쿠르마유르까지 버스를 택해 길을 단축하기로 하였다.

콩발 호수를 끼고 좌측으로 올라가자 콩발 산장Cabane du Combal, 1958m이 있었다. 산장 뒤에는 거대한 미아지 빙하Glacier du Miage가 긴 혀를 내놓고 있었다. 여기를 끼고 우측으로 계속 걷자 빙하호수들이 파란 하늘빛을 받아 암청색을 띠었다.

TMB에서 또다시 빙하호수를 보면서 생각해보았다. 내 눈앞에 있는 빙하의 신비는 무엇일까? 빙하는 영원성을 갖고 우리에게 현존하고 있는 것일까?

빙하는 시간의 상상이었다. 누구도 생각할 수 없는 역사 속의 상상력을 품고 있었다. 빙하호수는 적막하였다. 그러면서도 내게 상상의 시간을 주었다. 빙하호수 앞에 마주했던 시간은 사라지지 않는 나의 시간을 만들어 주었다.

호감

발을 되돌려 콩발 다리를 건넜다. 베니 계곡Val Veny을 따라서 차도가 이어졌다. 베니 계곡을 따라서 걸었다. 어느 정도 차도를 따라가자 계곡을 쫓아 오솔길이 이어졌다.

필진 형이 외교관답게 "서양사도 오류가 많다. 신대륙 발견자들은 영웅이 아니다." 제도와 관습을 상대에 강요한 자들이라고 화두를 던졌다.

TMB 이정표 이정표는 고도와 거리를 표시해주었다. 다만 우리와 다르게 거리를 시간으로 알려주어 다소 곤혹스러웠다. (위)

캠핑장소 표시 캠핑과 비박도 지정된 장소를 중시하였다. 대부분 TMB 당국에서 표시를 해주었으나 산장 주변은 산장에서 직접 경고문을 붙였다. (아래)

빙하호수 빙하는 TMB를 따라 이어졌다. 트레커들은 순례자처럼 빙하호수를 걸어 체험하고, 빙하체험을 소중히 여겼다.

이를 받은 주필 형이 "신대륙을 발견한 선원들의 신분은 사회의 하층계급으로 어쩔 수 없이 몰린 사람들이었다. 변경에서 변화와 창조가 일어난다. 네덜란드가 아시아에서 영국과 싸워 승리한 것도 사무라이를 고용한 전략의 승리라고 했다. 역사는 역사의 수레바퀴를 따라 돌 뿐이었다. 우리는 다만 오솔길을 따라가야 했다.

길이 상투적으로 되면 화제도 뚜렷한 쟁점을 벗어났다. TMB의 정통 길을 벗어나 우리의 편의를 위해 길을 벗어나자 우선 긴장감이 사라졌다. 라비자이La Visaille, 1670m라는 작은 마을에 도달하자 더 커다란 문제가 앞을 막았다.

버스 정류장에는 이미 장사진을 치고 서 있는 줄이 40여 명이었다. 주섬주섬 줄을 섰다. 아무래도 이번 차를 타기 어려워 보였다. 그래도 트레커들은 꾸역꾸역 모여들었다.

그 와중에 우리 뒤에 도착한 미국인이 우리 배낭을 유심히 들여다보았다. 우리 모두 1g이라도 가벼운 오수프리Osprey를 갖고 있었다. 왜 오수프리냐? 가볍다. 그러자 자기는 미국인이라면서 땡큐를 연발했다. 이 TMB에서도 애국주의는 역시 힘을 발휘하고 있었다.

이윽고 30여 분을 기다리자 이탈리아 버스가 왔다. 운전자도 난감한 모양이었다. 우선 개표를 시작하였다. 우리 일행 7~8명이 거의 마지막으로 탔다. 더 이상 타는 것은 무리였다. 그러자 운전자는 배낭을 운전석 앞 유리에 포개어 쌓았다. 3명이 더 탔다. 그래도 2명의 일행과 5~6명 정도가 타기 어려울 정도였다.

운전자는 큰 소리로 앞뒤를 오가면서 이탈리아 특유의 성마른 소리로 외쳤다. 그러자 신기하게도 틈이 생겼다. 운전자는 가볍게 웃으면서 '보나세라Buona Sera'를 외치자 다 같이 웃음바다가 되었다.

왜 웃었는가는 모르겠다. 서로 무엇인가를 상상하면서 말없이 통하는 마법! 이것이 진정한 마법이었다. 마법이 통하여 가까스로 우리는 버스로 쿠르마유르에 도착하였다.

마지막으로 이탈리아 운전기사는 다리를 건너면서 코리아를 외쳤다. "당신들의 호텔이 바로 저기다" 이탈리아 사람들의 거칠면서도 푸근한 사람 냄새가 배어났다. 보나세라Buona Sera! 당신의 나라가 잘되기를 기원하면서…

세상에
당연한 일은 없다

4일 차 | 07.09 Tue (총 누적거리 65.2km)

시작지점	도착지점	고도/m	고도차/m	구간/km	누적/km	시간/분
쿠르마유르 (Courmayeur)	베르토네 산장 (Refugio Giorgio Bertone)	1989	763	5.7	5.6	160
베르토네 산장 (Refugio Giorgio Bertone)	몽드라 삭스 능선 (Monte de la Saxe)	2348	359	0.5	6.1	30
몽드라 삭스 능선 (Monte de la Saxe)	트롱슈 (Tete De La Tronche)	2584	236	3.7	9.8	80
트롱슈(Tete De La Tronche)	사핑 고개(Col Sapin)	2436	(148)	0.6	10.4	15
사핑 고개(Col Sapin)	Pas-entre-deux-sauts	2524	88	2.3	12.7	60
Pas-entre-deux-sauts	보나티 산장(Bonatti)	2025	(499)	3.3	16	80

<고도차: 붉은 색은 내리막>

이동: 10시간, 이동거리: 16km

- 쿠르마유르 시내 통과 ··· 아베헨리 광장 교회좌측 TMB길 ··· 좌측은 베르토네 산장, 우측은 사핑 계곡길 ··· 베르토네 산장(오르막) ··· 삭스 능선
- 삭스 능선 이후 완만한 오르막 ··· 트롱슈 언덕(완만한 오르막) ··· 사핑 계곡
- 사핑 고개(내리막) ··· 말트라 계곡(평지성 내리막)과 하천을 끼고, 하천 건너편의 목장 조망하면서 내리막 ··· 보나티 산장

자연의 소리는 신비하다

쿠르마유르Courmayeur, 1226m는 브렝바 빙하Glacier de la Brenva계곡을 따라서 흐르는 도라발티아강Fiume Dora Baltea을 끼고 있었다. 이탈리아 북부 아오스타 계곡에, 몽블랑의 동남쪽 기슭에 있었다. 아오스타Aosta는 한니발과 나폴레옹의 로마진격 루트였다.

1965년 개통된 몽블랑 터널을 통해 프랑스 샤모니와 연결되어 있었다. 겨울철에는 프랑스의 샤모니와 함께 발레 블랑슈의 유명한 빙하 스키를 즐길 수 있었다. 이탈리아 지역의 TMB 출발지, 분기점, 중간 기착지이나 샤모니와 달리 조용하면서도 여유롭다.

저녁을 먹기 전 시내를 돌았다. 시내는 성 판탈레온 교회Chiesa di San Pantaleone를 중심으로 이루어져 있었다. 쿠르마유르가 배출한 산악인 3명의 흉상이 인상적이었다. 알피니스트 회관도 넉넉하였다.

TMB 마을 중 샤모니만큼 규모가 컸다. 산악도시로서의 자존감이 돋보

쿠르마유르의 산악인
쿠르마유르는 이탈리아의 산악도시였다. 쿠르마유르가 배출한 산악인들의 흉상과 산악회관을 아베헨리 광장에 조성하여 기리고 있다.

였고, 이탈리아 마을답지 않게 여유로워 보였다. 내가 로마나 베네치아에서 보았던 이탈리아와는 사뭇 달랐다.

오랜만에 인간 세상이라는 생각이 들었다. 이재숙 형수는 등산화 바닥이 너덜너덜해졌다. 이탈리아제 등산화를 샀다. 승관 형은 부러진 스틱을 교체했다.

호텔 측에 부탁하여 현지 정통음식점을 소개받았다. 이탈리아는 의리가 있어 보였다. 단지 호텔 측 소개로 우리는 10%의 할인을 받았다. 이탈리아 고급 와인 안티노리를 시키자 지배인이 관심을 기울였다. 스파게티와 피자로 호쾌한 저녁 식사를 하였다.

와인을 시키기 위해 두세 번 지배인을 부르자 정중히 직원을 통해 주문토록 하라면서 정색을 하여 겸연쩍게 웃었다. 다정하게 다가와 이해해 달라며 예의를 갖추어 주었다. 오지랖도 균형이 필요함을 깨달았다. 어떤 경우에도 예의와 매너는 중요한 덕목이었다.

유쾌한 저녁 식사를 마치고, 쿠르마유르 시내가 내려다보이는 아베헨리 Piazza Abbé Henry광장을 찾아 나섰다. 골목마다 노천카페와 음식점이 즐비했다. 길가 위쪽으로는 인가가 있는 뒷골목들이 뻗어 있었는데 꽃들로 장식된 창가에서 좋은 향내가 풍겨왔다.

식당에는 가족 단위 식사가 한창이었다. 아이들은 여기저기 뛰놀며 야단법석이었다. 아웃도어 점들이 깔끔하게 단장되어 있었다. 호텔들도 아담하고 옛 정취를 고스란히 간직하고 있었다.

쿠르마유르는 행복해 보였다. 카페에서 커피 한잔을 마시면서 그림 같은 풍경을 한동안 넋을 잃고 바라보았다. 이탈리아의 작은 도시 쿠르마유르가 누구도 줄 수 없는 행복감을 주었다.

에비앙 물 샘물은 TMB 곳곳에 널려 있다. 산에서 내려오는 물을 나무 물통에 받고 있다. 우리는 이 물을 에비앙으로 부르면서 마셨다. (위)

쿠르마유르 시가지 쿠르마유르는 TMB를 중심으로 이루어져 있다. 쿠르마유르가 이탈리아의 산악 도시인데도 이렇게 정결한가를 되물었다. 이탈리아의 이미지가 달라 보였다. (아래)

타베르니에 호텔 호텔은 하천을 끼고 있었다. 강의 물소리는 상상을 초월하였다. 그런데도 잠을 자는 데는 이상할 정도로 지장이 없었다.

우리 숙소는 타베르니에Tavernier 호텔이었다. 강 옆에 자리 잡고 있었다. 강의 물소리는 상상을 초월하였다. 물의 숨결도 거셌다. 물의 흐름은 요동을 쳤다. 그런데 이상하게도 잠을 자는 데는 전혀 지장이 없었다.

그렇다. 옛날 수탉 우는 소리, 개 짖는 소리, 타작하는 도리깨 소리, 집 앞 아카시아에서 울어대는 까치소리와 매미소리에도 아랑곳없이 잤다. 자연의 소리는 신비하였다. 아니 이것이 있는 그대로를 받아들이는 것이 아니었을까?

채문식 캡틴은 아침 8시에 쿠르마유르 출발시 유의점을 알려주었다. 오늘 일정은 베르토네 산장과 몽드라 삭스 능선Mont de la Saxe을 통해 보나티 산장이다. 다소 힘들 수 있으나 정통 TMB로 피할 수 없는 루트다. 그에 따라 그랑드조라스와 빙하, 만년설 걷기 등 다양한 보상이 있을 것이라면서 기대해도 좋다고 했다.

우리 조의 문석 형도 "오늘 힘들겠다. 구도자의 길로 갑시다." 하면서 "가자, 가자 그리고 가자!" 구호를 외쳤다. 이 정도면 눈치 9단이었다. 문석 형의 말대로 힘들고 힘든 여정을 통해 끝까지 가는 수밖에 없었다. 그리고 우리는 TMB의 또 다른 우리의 길을 만들었다.

쿠르마유르 시가지를 벗어나면서 한국인 TMB 관광객 10여 명과 만났다. 프랑스 현지 가이드를 앞세워 걷고 있었다. 그들은 우리에게 반색하면서 배낭 무게와 목적지를 물었다. '보나티 산장'이 목적지라고 말하였다.

더불어 우리도 "어디까지 가는가?"를 묻자

그들은 "모른다! 가이드가 알아서 해준다." 동포애를 한껏 발휘하고는 날렵한 모습으로 사라졌다.

베르토네 산장Rifugio Giorgio Bertone,1989m까지 4km였다. 채문식 캡틴이 "아우님 이야기 좀 합시다." 하면서 "이제 물을 지고 가야 밥해 먹을 수 있는 구간이야. 아무리 생각해도 경험이 많은 동생이 십자가를 지면 어떻겠느냐?"고 물었다. 생각 없이 흔쾌하게 '좋다'고 답하였다.

쿠르마유르 시내를 벗어나 오솔길로 접어들었다. 문득 쿠르마유르에서 만난 70대 부부가 생각났다. 그분들은 1년 반에 걸쳐 TMB 준비를 했다. 당초 샤모니를 생각했으나 이탈리아에 대한 향수로 베네치아에서 쿠르마유르로 도착하였다.

그들 부부는 첫날 세뉴 고개를 넘어 반시계방향으로 12일 만에 완주하였다. 10년 전부터 계획한 꿈을 이루었다. "세상에 어떤 일도 스스로 이루어지지 않는다. 인생이란, 말하고 실행하는 대로 되어 간다."고 힘주어 알려주었다. 진실은 늘 단순하고 명료하였다.

대화

이른 아침인데 일본인 아주머니들 10여 명이 내려왔다.

문석 형이 "안녕하세요~" 하고 인사를 했다. 마침 형은 모자고, 옷도, 신발도 몽벨 상품으로 구비했다.

일본인들도 "네 안녕하세요!" 하더니 형을 '몽벨맨'이라면서 자기들 상표라고 관심과 환호를 보냈다.

그들은 '몽벨맨 파이팅' 하고 '서울 좋아요' 하면서 밝게 웃고 있었다. 별안간 아베 수상의 일그러진 얼굴이 떠올랐다. 그러다가도 웃음 뒤에 숨겨진 저들의 얼굴은 무엇일까? 아니야 있는 그대로를 받아들여야지 마음 가는 대로, 그래도 사람을 믿어야겠다고 나를 위로했다.

오솔길은 울울창창한 소나무가 만들어 준 그늘로 서늘하였다. 산악 구보를 하는 사람들이 많았다. 세계에서 가장 유명한 산악 마라톤 중 하나인 UTMBUltra-Trail du Mont-Blanc에 출전하는 사람들이었다.

8월 26일부터 87개국 7500명이 참가, 5개의 종목이 치러진다. 이 경기의 특징은 다른 공식 마라톤 대회에서 포인트를 확보하고, 필요한 최소 시간대를 주파한 주자들에게 참가자격을 주었다. 주 종목인 UTMB는 TMB-168km고도변화 10000m를 47시간 안에 들어오는 경기였다. 프랑스, 이탈리아, 스위스가 공동으로 준비하는 행사였다.

TMB를 하면서 유독 아버지와 딸, 아들들이 함께 걷는 팀을 많이 만났다. 오늘도 어린 아들을 길잡이 삼아 재미있게 걷는 부자가 있었다.

왜 아이를 데리고 오는가?라고 물었다.

그는 아이에게 좋은 습관을 만들어 주기 위해 나왔다. 무엇보다 산 위에서는 쿠르마유르를 한눈에 조망할 수 있다. 아이에게 우리가 사는 마을을 보여주고, 고향을 생각할 수 있는 마음을 심어주고 싶다고 했다.

무엇보다 자기가 사는 마을을 보여준다고 하는 데 가슴이 뭉클해졌다. 천진한 아이의 웃음 속에 아버지가 아들에게 주고 있는 사랑이라는 위대한 유산이 살아있음을 보았다.

젊은 이탈리아 아버지가 말한 전망 좋은 장소에 도달하였다. 숨이 멎을 만큼 탁 트였다. 바위 절벽에 걸터앉았다. 하늘에 떠 있는 것처럼 보였다. 소나무들이 쿠르마유르를 향해 가지를 뻗고 있었다. 움푹 들어간 계곡 아래로 잔잔한 풍경이 이어졌다.

경사진 오르막길을 오르자 쿠르마유르가 한눈에 보이는 베르토네 산장Rifugio Giorgio Bertone,1989m이 나왔다. 1970년대 이탈리아의 대표적 산악인 조르지오 베르토네Giorgio Bertone를 기념하기 위해 1982년 건축한 산장이었다.

베르토네 산장 건물이 아늑하였다. 이탈리아 커피를 사이에 두고, 이스라엘 젊은이들 3명과 가벼운 대화를 하였다.

주필 형이 얼굴이 타고, 살이 좀 빠져서 얼핏 보면 이북사람이라고 해도 믿을 정도로 초췌해져 있었다. 장난기 많은 형이 "나는 이북 사람이고, 승관 형을 지칭하면서 남한에 있는 나의 친구다." 하자, 그들은 정색하면서 "어떻게 적과 친구가 가능한가? 이해할 수 없다." 하면서 나를 붙들고 "이건 아니다."라고 당혹해했다. 이에 우리 모두 대한민국 사람이라고 말해주어도 의아해했다.

남과 북의 대치상황은 어딜 가도 관심 있는 이슈였다. 정작 대한민국 사람인 우리는 남북문제를 소홀히 대하고 있던 것은 아니었을까? 외국인들의 진지한 반응을 보면서 다시 생각해보는 계기가 되었다.

그랑드조라스를 보면서 걸었다

몽드라 삭스 능선을 향해 걸었다. 해발 고도 500m를 높여가는 길이었다. 한 발 한 발이 힘겨웠다. 숨이 턱에 차기 시작하였다. 어느 순간 우리는 말을 잃었다.

한낮이라 그런지 바람도 없다. 땀이 흘러내려 온몸이 축축하였다. 오늘 몽블랑을 제대로 만나고 있다는 생각이 들었다. 이 오르막이 언제 끝날까? 가도 가도 오르막이었다.

걷다가 나도 모르게 눈을 크게 떴다. 돌연 커다란 벽이 앞을 가로막았다. 그랑드조라스였다. 마터호른과 달리 그랑드조라스의 힘이 무겁게 다가왔다.

그랑드조라스는 웅장하고 위용이 하늘을 찔렀다. 그랑드조라스는 유럽의 3대 북벽이었다. 북벽은 오르기 힘든 산을 지칭했는데 보기에도 오르기 어렵게 보였다. 마터호른의 아름다움과 아이거 북벽의 장엄함을 합쳐 놓았다고 했으며, 게다가 이탈리아와 프랑스 국경을 나누고 있고, 등반가들의 무덤이라 할 정도로 악명높은 봉우리였다.

그러면서도 등반가들에게 모든 형태의 멋진 등반 루트를 제공해 주었다. 그러나 내게는 그랑드조라스는 압도적인 아름다움이었다.

그러다 몽드라 삭스Mont de la Saxe, 2348m 능선을 올랐다. 체력은 점점 고갈되고 있었다. 사람이 죽으라는 법은 없었다. 채문식 캡틴이 "밥 먹자!"고 외쳤다.

여기서도 C조는 함께 모였다. 야외 즉석 주방에 옹기종기 모여 이야기꽃을 피우면서 요리에 정성을 기울였다. 요리는 우리가 함께 즐길 수 있는 진

베르토네 산장 가는 길목 길은 고즈넉하였다. 숲은 전나무와 소나무도 아름드리로 자랄 정도로 울창하였다. 여기에 쿠르마유르는 바둑판처럼 박혀 아름다움을 더해 주었다. (위)

능선의 울타리 능선을 따라 나무 울타리가 쳐져 있다. 한겨울에 눈이 엄청나게 많아 눈사태를 대비한 목책이다. (아래)

정한 놀이였다. 버너 주방 주변에서 특별한 한 끼를 마련하였다.

고산지대라 물이 천천히 끓었다. 기다림도 쏠쏠한 즐거움이었다. 요리가 완성되면 누구도 맛을 탓하지 않았다. 왜냐면 모두가 하자는 대로 라면에다, 햄에다, 김치에다, 피자와 빵부스러기까지 넣은 국적 불명의 자칭 창조적 요리를 즐겼다. 자연이 숨 쉬는 고품격 레스토랑이었다. TMB를 걸으면서 지쳐가는 서로의 마음을 녹여주는 소박하고 훈훈한 식사였다.

식사를 마치고 한바탕 사진을 찍고, 풀밭에 눕고, 소리를 질러댔다. 우리는 해방감을 만끽했다. 저 사람들이 60을 넘긴 사람이라고는 믿기지 않을 정도였다. 나이가 들어도 마음은 청춘이라는 말을 실감할 수 있었다. 즐겁고 행복하고 누구와도 어깨를 기대었다. 앞쪽에서 여행사를 통해 TMB를 즐기는 일행이 부럽다고 바라보았다. 우리는 거침없이 단순했다. TMB가 아름다운 삶의 무늬를 더해주고 있음에 감사했다.

주필 형은 불현듯 "나이 듦에 맞서서는 안 된다. 세상은 학교다. 나이 듦도 과정이다. 나이 듦도 삶의 현장이다."고 말했다.

종철 형도 "죽는 순간까지 이 모습으로 삽시다. 어머니에게 받은 유산을 15명의 자손에게 나누어 주었다. 어머니에게 받은 부채를 자식들에게 넘겨주니 그렇게 홀가분하다."고 했다.

문석 형이 "열심히 살아온 우리에게 박수쳐 줍시다. 아니 앞으로 살아갈 우리에게 서로 힘을 줍시다." 우리 조는 이제 시간이 갈수록 생각도, 행동도, 결정도 함께 할 정도로 공동체적 일체감을 갖고 갔다. C조는 하나의 작은 공동체가 되어갔다.

그러나 현실은 또다시 걸어야 했다. 채문식 캡틴이 "갈 길이 멀다. 갑시다."라고 하여 축제 분위기에 찬물을 끼얹었다. 몽드라 삭스Mont de la Saxe 능선을 따라 페레 계곡 너머 그랑드조라스를 끼고, 트롱슈Tête de la Tronche, 2584m로 향했다.

이 구간은 "왜 산을 오르는가?" 같은 구체적 질문에 답할 수 있을 만큼 산의 인상이 뚜렷하였다. 이 능선은 소의 잔등을 올라타고 오르는 능선처럼 보였다. 이 능선을 걸은 경험은 나의 기억 속에서 잊히지 않을 것이었다.

흰빛이 일곱 가지의 색으로 이루어져 있듯이 삭스 능선의 체험은 산이 지닌 의미를, 산을 오르는 영감을 다시 한번 깨닫게 해주었다. 이것은 아름다움에 대한 영감이었다. 삭스 능선은 인간을 한 단계 더 상승시키는 아름다움을 갖고 있었다. 위대한 자연이었다. '그랑드조라스를 보면서 함께 걷고 있었다.'라는 사실만으로도 아름다움의 가치를 내면에서 끌어낼 수 있었다.

일탈

사실 페레 계곡으로 방향을 정했으면 편한 길을 걸었을지라도 몽드라 삭스 능선의 감동을 잃었을 것이었다. 채문식 캡틴의 까칠한 원칙이 빛을 발했다. 세상에 당연한 일은 없었다.

지난 1년 반 동안 끊임없이 연구했다. TMB의 가치 있는 길을 걷기 위해 길을 찾고 찾았다. 사실 가치 있는 길은 어려운 길이었다. 모든 구간을 걷고 나서 기억할 수 있었다는 원칙에서 결정하였다. 걷기는 상상력이었다.

모든 일은 어려움이 함께 하는 법이었다. 나중에 안 일이었는데 여성분들이 점심을 먹고 나면 '고도가 높은 탓인지!' '탄수화물이 많은 탓인지' 생리현상을 호소하였다.

그것도 모르고 우리 C조는 이현숙 님을 바짝 따라붙어 호위무사 역할을 자처하였다. 그래도 계곡물이 흐르는 곳이나, 그것도 아니면 목소리를 높여 그럭저럭 지나갔다고 했다.

트롱슈 언덕Tête de la Tronche, 2584m에 올랐다. 휴식을 취하기 좋은 장소였다. 의자를 꺼내 앉았다. 멀리 세뉴 고개가 보일 정도로 날씨가 좋았다. 태양도 숨을 죽였다. 바람도 서늘한 서풍이었다.

넋을 잃고 주변을 다시 한번 뚫어지게 보았다. 이 높은 곳에서도 이끼가 자라고 있었다. 정말 작은 풀이었으나 강렬한 감동을 불러 일으켰다. 그러다 산과 구름, 꽃, 태양이 빛을 잃었다. 고요했다. 적막감의 강렬함 속에서 어느 틈엔가 걷고 있었다. 한참을 걸었다. 살포시 스며드는 햇살에 고개를 들었다. 나른했다.

정말 순간이었다. 나는 깜빡깜빡 졸면서 걷고 있었다. 그렇지만 너무나 달콤했다. 얼굴에는 여전히 바람이 불어오고 있었다.

사핑 고개Col Sapin, 2436m는 황량했다. 그동안 누려온 아름다움이 어디론가 사라져 버렸다. 내리막에 이어 오르막이 다시 시작되었다. 가까스로 앙트로 되 소 고개Pas Entre Deux Sauts, 2524m를 넘자, 행복은 혼자 오지 않는 것처럼 끝없는 내리막에다 눈으로 덮인 계곡이 이어졌다.

그래도 걷는 사람들은 수많은 사람이 걸었던 길을 따라간다고 느낄 때 편안했다. 비록 길이 거칠고 낯설어도 이 길을 벗어나면 TMB 종주의 절반을 넘어설 수 있었다.

필진 형이 "일탈! 플랜 B를 만들자. 여행은 나를 떠나서 나를 보는 것이다. 구도자의 길은 벗어남이었다." 하면서 침체된 걷기에 활기를 불어넣었다.

그러자 종철 형이 "우리도 구도의 길인가?"고 유쾌하게 화답하였다. 몸은 힘들어 한계를 넘어가고 있었으나, 60대의 경륜은 역시 입담에서 빛을

몽드라 삭스 능선의 휴식 그랑드조라스를 배경으로 양말들이 쉬고 있다. 걷다 보면 발이 숨을 쉴 수 있도록 양말을 벗고 쉬면 피로 회복에 도움이 되었다.

발했다. 또다시 빙하와 눈밭을 지나 말라트라 계곡Vallon de Malatra을 마주 보면서 걸었다. 멀리서 보나티 산장과 목장이 보였다.

문석 형이 힘이 다한 모습이었다. 기진한 모습이 역력하였다. 형의 걸으면서 깜빡하는 모습도 자연스럽다. 군 시절 행군하면서 졸던 모습이 겹쳐졌다. 우리 모두 기운이 빠져가는 모습에 형이 희생양이 되었다. 누구랄 것도 없이 형을 놀려댔다.

이에 문석 형은 눈을 멀뚱히 쳐다보면서 "사람 간사하다. 힘들면 쉬고 싶고, 눕고 싶다." 하면서 족욕을 하자고 하여 흐르는 에비앙 물에 몸을 담궜다. 몸을 담그고 나니 보나티 산장의 5분 목욕 쿠폰이 떠올라 아예 몸을 적셔 얼음 목욕을 해버렸다.

그래도 말라트라 계곡은 매력적인 길이었다. 푸른 벌판에는 야생화가 흩

돌의 이정표 원석에 이정표를 새겨 넣었다. 사핑 고개와 베르토네 산장으로 가는 트롱슈 길목을 표시해주고 있었다. (위)

사핑 고개의 야생화 길을 가다 야생화를 보면 멈추어 섰다. 야생화는 2500m의 고산지역의 황량한 계곡 사이에서 끈질긴 생명력을 보여주고 있었다. (아래)

어져 있었다. 계곡을 따라 붉은 꽃들이 군락지를 이루고 있었다. 목장에는 수많은 소가 한가롭게 풀을 뜯고 있었다.

소 한 마리가 고개를 들어 나를 물끄러미 쳐다보고 있었다. 나는 생각 없이 눈을 맞추었다. 소가 도리질을 하면서 고개를 숙이고 다시 풀을 뜯어 먹었다. 소와 눈을 맞춘 것 자체가 경이롭고, 무엇을 만나도 신비로운 감정이 일었다. 길 없는 벌판에서 길 없는 길을 찾았다. 왠지 나도 모르게 새로운 힘이 났다.

불가능의 매력

저녁 어스름이 내려올 때 보나티 산장에 도착하였다. 보나티 산장Rifugio Bonati, 2025m은 1954년 K2를 정복한 이탈리아의 전설적 등반가인 발터 보나티Walter Bonati 를 기념하기 위해 만들었다. 보나티 산장은 그랑드조라스Grandes Jorasses, 4208m와 계곡을 바로 대면하고 있었다.

산장은 마치 "불가능의 매력은 그것을 포기하는 데 있는 것이 아니라 그것을 극복하는 데 있다."라는 발터 보나티의 말을 웅변적으로 보여주고 있었다. 그랑드조라스의 장엄함은 어떤 말로도 설명이 부족해 보였다. 눈앞에서 마주 보는 자연의 힘은 놀라웠다.

생각보다 보나티 산장은 깔끔하고, 음식도 투박하면서도 정갈함이 넘쳤다. 다른 곳과 달리 20대 초반 젊은이들이 경쾌하게 음식을 날라다 주어 저절로 흥이 돋구어졌다.

여기서도 또 다른 60대 한국인 부부를 만났다. 인터넷을 통해 몽블랑 여행 팀을 꾸렸다. 앞으로 10년은 걷기 여행을 계속하겠다면서 여행에서 얻은

깨우침과 새로운 현실을 만나는 행복을 이야기했다.

한국의 60대는 한국을 일으켜 세운 역동적인 주역처럼 느껴졌다. 마터호른과 샤모니, 몽블랑 TMB 어디를 가도 60대가 길을 누비고 있었다.

한국의 60대는 아직도 살아 숨 쉬고 있었다. 60대는 어디서든 일관성 있게 움직이고 있었다. 60대는 또다시 상승을 향해 꿈꾸고 있는 것처럼 보였다.

주필 형이 60대의 일관성 문제점을 지적하였다. "일관성은 상상력 결핍자의 마지막 도피처다. The consistency is the last refuge of the unimaginative 60대의 여행을 좋게만 보아도 안 된다."고 했다.

어쨌든 나는 여행해봐야 말할 수 있다는 믿음 속에서 살아왔다. 이번 여행도 좋은 사진을 찍기 위해 세심하게 공을 들였다. 짐을 어떻게든 줄이면서도 양보하지 않은 것이 삼각대였다.

별과 함께 마터호른을 찍으려고 시도했으나, 비 때문에 실패하였다. 여기에 와서도 한밤의 별과 알프스를 찍으려 했으나, 비와 그믐달 때문에 찍을 수가 없었다.

그래도 새벽 2시면 잠이 깨어 밖을 나와 한동안 밤하늘을 보았다. 별을 기다리며 그랑드조라스를 바라보고 있었다. 구름에 가려 별은 오지 않았고, 좋은 사진은 찍을 수 없었으나, 어두운 밤하늘과 함께 서 있는 산의 신비와 알프스 능선 위로 바라보이는 하늘의 무한한 깊이를 보았다.

밤에 나오면 추웠으나 알 수 없는 편안함과 어둠 속의 세상, 산의 실루엣이 주는 힘, 단순함 속에 묻힌 산의 깊이, 빛과 달리 어둠 속에서 빛나는 풍경들을 만날 수 있었다.

오늘도 끝까지 갈 수 있을까?

5일 차 | 07.10 Wed (총 누적거리 85.5km)

시작지점	도착지점	고도/m	고도차/m	구간/km	누적/km	시간/분
보나티 산장(Bonatti)	페레 호텔(Chalet Val Ferret)	1784	(241)	4.3	4.3	90
페레 호텔(Chalet Val Ferret)	엘레나 산장(Elena)	2062	278	3.2	7.5	50
엘레나 산장(Elena)	페레 고개(Grand col Ferret)	2537	475	2.4	9.9	80
페레 고개(Grand col Ferret)	라필 산장(Alpages de la Peule)	2071	(466)	3.6	13.5	90
라필 산장(Alpages de la Peule)	라 리셰(La Léchère)	1795	(276)	4.8	18.3	80
라 리셰(La Léchère)	라 풀리(La Fouly)	1610	(185)	2	20.3	40

<고도차: 붉은 색은 내리막>

이동: 10시간, 이동거리: 20.3km

- 보나티 산장 ···› 페레 계곡을 좌측으로 두고 걷다 아르누바에서 길을 따라 오르막을 걸으면 엘레나 산장(오르막) ···› 페레 고개(이탈리아 스위스 경계) ···› 페레 계곡
- 페레 계곡 ···› 완만한 내리막 ···› 라필 산장 ···› 좌측 산허리 숲길을 따라 걷기(밑으로 페레강) ···› 페레강 건너 라 풀리(에델바이스 호텔)

무념무상

7월 10일 TMB 5일 차다. 산장이 정말 깨끗한 데다 핸드폰 충전, 목욕 시설이며 아침 식사도 나무랄 것이 없었다. 무엇보다 아침에 일어나 보니 그랑드조라스가 창을 통해 들어왔다.

시간만 있었다면 하루 정도 더 있고 싶었다. 아름다웠다. 마당을 나오자 푸른 빛을 머금은 아침 빛과 푸른 하늘과 그랑드조랑스에 걸린 흰구름들이 나를 감쌌다. "위대한 것들을 통해서 인간을 보았다."라는 말이 생각났다. 아침은 또 다른 곳이었다. 바라볼 때마다 새로웠다.

거기에 "환영합니다!"가 이탈리아어인 '벤베누토Benvennuto'와 함께 정갈하게 쓰여 있었다. 이탈리아가 우리에게 손짓하는 몸짓으로 읽혔다. 진심이 전해졌다. 나뿐 아니라 정석 형도 "이탈리아가 예의가 있다."라고 했다. 글 한 줄이 사람 마음을 사로잡았다. 가장 작은 행동이 주변에 영향을 미쳤다. 언어에는 세상을 치유하는 힘이 있었다. 우리를 훈훈하게 만들어 주었다.

고마운 말 한마디
우리는 시간이 갈수록 이탈리아를 사랑하게 되었다. 비록 짧은 시간을 보냈어도 이탈리아는 이탈리아다운 인간적 정서가 묻어났다. 표지판에 쓰인 '환영합니다!'도 각별한 감동으로 다가왔다.

아침 일찍 보나티 산장에서 출발을 서둘렀다. 채문식 캡틴은 TMB의 분수령이 지나가고 있다. 오늘도 이탈리아를 넘어 스위스에 들어간다. 국경을 넘는다. 몸도 마음도 느슨해져 가고 있으나, 우리는 쉬운 길이 아니라 TMB의 의미 있는 길을 가고 있다. 최선을 다해 한 발 한 발 의미 있는 TMB를 향해 가자고 힘주어 말했다.

최연장자인 이현숙 님이 모자를 어디서인가 흘렸다. 아무도 대책이 없었는데 사람이 죽으라는 법은 없었다. 이임숙 님의 모자 여분이 있었다. 무게를 적게 하려 옷도 단벌로 가져왔고, 늘 빨래를 하여 배낭에 메고 그날그날을 버티었는데 어떻게 모자 하나를 더 갖고 왔는지 상상이 안 되었다. 행복은 상상 속에 있는 것이 아니라 모자 속에 있었다. 오늘은 어제에 이어 페레 계곡을 따라 엘레나 산장을 중간목표로 걸어 나갔다.

주필 형이 "내 몸에 감사하다."라고 했다. 정석 형이 "오늘도 끝까지 갈 수 있을까"를 되뇌었다. 필진 형이 "길이 아니면 가지를 마라. 길은 다녀야 넓어지고, 이름은 불러주어야 생명력이 있다."라고 강조했다.

모두 체력에 한계를 느끼면서도 팀에 누가 될까를 걱정하고 있었다. 나이 60대는 고통과 상처를 감내하는 인내가 남다름을 보여주고 있었다. 돌이켜보니 우리는 어디서 일했더라도 평생을 몸으로 살아왔다. 살아보니 몸이 재산이었다. 그동안 몸은 어떤 상황에서도 우리를 지켜주었다.

몸이 한계를 넘어 극한 상황으로 가더라도 회복 탄력성을 갖고 삶을 주도하였다. 이제 나를 지켜줄 배낭을 스스로 짊어지고 내 길을 가고 있었다. 우리는 TMB와 정면으로 맞서 걷고 있었다. TMB는 새로운 세계 속에서 우리가 어떻게 버티고 있는가를 가르쳐주고 있었다. 이 짧은 시간 동안 우리 자신들의 한계를 넘어 인간이 지닌 위대한 힘을 깨달아가고 있었다.

60대의 역설

페레 계곡Val Ferret, 1784m은 오솔길에 작은 관목들이 많았다. 유난히 트레커들이 많았다. 말에 짐을 실은 미국인 가족들, 생기발랄한 중국 30대 여인들, 떠들썩한 스페인 노인들, 서울올림픽 화이팅을 외치는 체코인들로 넘쳐났다. 아직 녹지 않은 눈도 운치를 더해주고 있었다.

이름 모를 새 한 마리가 머리 위로 날았다. 파란 하늘을 가르는 모습이 경이롭다. 새들은 먼 곳에 있든, 가까운 곳에 있든 소리의 주파수를 듣고 이동한다고 했다. 마멋이나 산양들이 사람들을 보아도 달아나지 않고 자기 일을 하는데, 새들은 아직까지도 사람이 낯설기만 하였다.

페레 계곡은 몽돌랑봉Mont Dolent, 3820m을 품고 있었다. 몽돌랑봉은 프랑스, 이탈리아, 스위스 국경을 세 갈래로 나누고 있었다. 페레 계곡 바닥까지 내려가자 샬레 발 페레Hötel-chalet Val-Ferret 산장 이 다소곳하게 자리 잡고 있었다. 아르누바Arnuva는 오솔길과 도로를 나누었다. 우리는 도로를 따라가다, 오솔길로 방향을 틀었다.

엘레나 산장Rifugio Elena, 2062m까지는 비교적 평탄한 오르막길을 걸었다. 엘레나 산장에 올라서자 칼바람이 불어왔다. 바람은 산장에 들어가도 문을 통해 거침없이 들어왔다. 바람은 온몸 구석구석을 파고들었다. 이가 부딪힐 정도로 떨렸다.

산의 돌발성은 준비 없이 마주치면 무섭다. 그래서 노련한 산꾼은 70%의 힘으로 산을 오른다. 목표를 달성하기 위해서는, 위험과 곤경을 벗어나기 위해서는 절대로 가는 길에 온 힘을 쏟지 않는다. 정상을 위해, 모험을 위해 힘을 아낀다.

그랑드조라스 조망 그랑드조라스는 우리에게 말을 잃게 만들었다. 그랑드조라스는 웅장한 데다 위엄이 있었다. 산을 오른다는 것은 그 산과 친해지는 것인데 아무래도 그랑드조라스와 친해지기는 어려워 보였다.

다시 엘레나 산장에서 페레 고개Grand Col Ferret, 2537m까지 거리 2km에, 고도는 475m를 올려야 했다. 길을 나서도 바람은 세차게 불었으나, 엘레나 산장보다는 견딜 만했다. 움직이면 무엇이든 극복할 수 있었다. 다시 발걸음에 힘이 붙었다. 다 죽을 것만 같아도 한 발을 떼면 되었다. 한 발을 떼는 것은 마법과도 같았다. 이 순간이 내 안에서 영원히 살아 숨쉴 것만 같았다. 영혼에 도는 생기를 맛볼 수 있었다.

뒷모습

앞에 B조의 이현숙 님이 한 발 한 발 걷고 있었다. 눈이 마주쳐도 가만히 행복한 웃음으로 답하셨다. 평소에 도통 말이 없으셨다. 무거운 배낭을 지고 스틱 두 개를 타닥타닥 짚고 있었다

나와 같이 앞을 보면서 같은 목표를 향해 또각또각 걷고 계셨다. 가끔 뒤돌아보실 듯도 한데 말없이 자기 길을 가셨다. 사람의 뒷모습에 진실이 담겨있고, 등은 거짓말을 할 줄 모른다고 했다. 말없이 힘있게 자신의 길을 걷는 모습이 인상적이었다.

계곡물도 찰랑찰랑 끊임없이 흘러내렸다. 가끔 바람 소리에 흘려 타는 발걸음이 부드럽다. 말없이 걷는 뒷모습이 행복해 보였다. 등은 거짓이 없음을 알겠다. 오늘 나와 함께 페레 계곡을 오르고 계셨다.

내 뒷모습은 어떨까? 어느새 60을 넘겼다. 직장을 떠난 지도 6년이 되었다. 외견상 부족함은 없었다. 삶에 대한 편견도 없다. 아이들도 자기들 길을 제대로 잘 가고 있었다. 그런데도 마음 한쪽에서는 가끔 내 평생의 화두인 가벼움과 무거움의 싸움이 끝나질 않고 있었다.

아직도 인생의 가치관 문제를 엄밀히 따질 때면 나는 가볍다는 점에 이의가 없다. 내 인생이 당당하지 못하였다는 자책감이 떠나지 않았다. 이제라도 다시 한번 삶의 방식을 되돌아봐야겠다. 나의 뒷모습을 견고하게 만들어야겠다. 우선 무엇보다 말! 한마디 말이 중요했다. 이제부터 나의 가벼움을 바꾸어야겠다.

주변 사람을 탓하기 전에 나의 태도를 바꾸어야겠다. 어디에서도 지워지지 않는, 바람에 날리지 않는 작은 무거움을 용기 있게 실천해야겠다.

페레 고개는 바람의 고개였다. 야생화들도 바람결을 따라 출렁이고 있었다. 산양 떼도 바람을 맞으면서 유유히 걸었다. 저 바람을 맞으면서 풀을 뜯고 있었다. 가혹한 자연에서 살아가고 있는 모든 것들에 대한 경외심이 우

뒷모습

사실 뒷모습은 상상력이다. 그리고 진실함이다. 걸으면서 수많은 뒷모습을 보면서 많은 감동이 전해져 왔다. 특히 말의 뒷모습은 애잔하고 아련함 때문에 얼얼했다.

러나왔다. 야생화는 씨앗으로 겨울을 나고, 산양들도 혹독한 겨울을 버티면서 생명을 이어왔다. 살아간다는 문제에 대해 우리는 하나였다. 모든 생명은 고통을 거쳐 성장했다. 모든 생명은 절대를 향한 노력 속에서 자기를 극복하고 생명을 이어갔다. 이것은 위대함이었고, 경이로움이었다. 우리가 존재하는 것 자체가 초자연적 신비였다.

상승

여기까지 걸어오면서 수많은 풍경이 다큐멘터리처럼 스쳐 지나갔다. 한 친구는 알프스 하면 잊을 수 없는 광경이 있다고 했다.

자고 일어나 창문을 열었을 때 만났던 풍경을 지금도 잊지 못했다. 힘든 일이 생기면 그날의 감격을 통해 "별거 아니잖아!" 하면서 위로를 받는다고 했다. 페레 고개에서 무서운 바람 속에서 사방을 둘러보았다. 내가 여기 서 있었다. 바람에 맞섰다. 하늘을 보면서 두 팔을 벌려 보았다.

릴케의 나무가 생각났다. "나무 한 그루가 저기 솟아올랐다. 오 순수한 상승~" 그래 영혼의 상승이었다. 이러한 상승은 우리를 더 높이 오를 수 있게 해주고, 무너졌을 때는 다시 일으켜 세운다.

이 시간은 영원히 내 영혼 속에 살아남을 것이었다. 지금 시간은 내 인생 속에 살아남아 나를 일으켜 세울 것이었다. 이 고개를 넘으면 영원한 세상을 이어주는 문을 만날 것만 같았다.

더욱이 페레 고개는 이탈리아와 스위스의 국경이었다. 이제 페레 고개는 나의 변경이 되었다. 여기서 조금만 더 머물고 싶었다.

아쉬운 마음을 뒤로하고, 페레 고개를 넘었다. 스위스 국경을 들어서자

상승 서산을 넘어가는 태양은 신화 같은 노을을 뿜어내고 있다. 땅을 굳게 디디고 서 있는 또렷한 응시가 감동적이었다. 나무는 하늘과 땅을 이어주려는 듯 석양을 받아내고 있다.

바람은 사라졌다. 꽃들은 다시 일어섰다. 꽃이 말을 건네고 있었다. 아름다운 세상이 다시 돌아왔다. 오후의 햇살은 강렬했다. 햇볕 때문에 권총을 쏘았다는 사람이 왔다면 다시 권총을 쏘았을 것이었다. 태양은 머리가 아플 정도로 뜨거웠다. 그래도 초원은 아주 평화로웠다. 그렇게 더워도 소들은 멀리서 풀을 뜯고 있었다. 내리막길을 이어가니 어느덧 라필 산장Gîte Alpage de la Peule, 2071m이었다.

산장은 슬레이트와 돌로 투박하게 지어졌다. 산장이라기보다는 목장에 더 적합해 보였다. 마당도 나무조각과 대패밥으로 깔았고, 군화와 등산화에 꽃들을 심어 놓은 주인의 마음 씀씀이가 고맙게 느껴졌다. 트레커들은 뙤약볕을 피할 수 없는 데다 갈 곳도 없었다.

트레커들은 가벼운 미소를 머금고 맥주와 감자 요리와 햄, 소시지 요리를

산양들의 달리기 한 무리의 산양들이 능선을 가로질러 달리고 있었다. 산양들의 질주를 보면서 지나온 삶들이 주마등처럼 지나갔다. 내 삶도 저랬다.

먹고 있었다. 파라솔이 밝고 소박하였다. 대부분은 맥주잔을 놓고 오후의 햇살을 그대로 받고 있었다. 파라솔 그늘이 서늘하였다.

트레커들은 눈이 녹아내리고 있는 산의 폭포들을 바라보면서 이야기꽃을 피우고 있었다. 검은 털을 가진 개가 웅크리고 앉아 있었다. 맑고 산뜻한 햇살 아래 파라솔 자락이 바람에 나풀거렸다. 우리도 한가롭고 유쾌하게 풍경을 더했다.

영국 여성 두 명이 "맥주가 맛있다!"면서 엄지 척을 했다. 주필 형이 이들과 격의 없이 수인사하면서 "시간이 갈수록 사람들이 좋아진다. 물론 몽블랑이라는 공간이 사람을 좋게 해주고 있으나 참으로 오랜만에 벽이 없이 사람들과 소통하고 있다." 하면서 뿌듯해했다.

종철 형도 "그동안 생각 없이 걸었는데 이제 야생화를 못 밟겠다. 미안함이랄까?" 걷다 보니 무엇이든 소중해 보이면서 경외감이 나를 엄습해오고 있음을 토로했다.

반추

오늘 C조는 "걷기 목표가 반추였다. 되새김은 새로움이었다." 우리는 매일 화두 하나를 갖고 하루를 걷고 있었다.

길은 두 갈래로 나누어져 있었다. 우리는 도로보다는 좌측 숲길을 택했다. 페레강을 밑에 두고 걷는데, 걷기 좋은 오솔길이었다. 목초지와 전나무 숲길을 지나면서 한적한 시골길을 걷는 기분이었다.

타이완 여성 10여 명은 서울 화이팅을 외치면서 친밀감을 표시해주었다. 차이나보다 타이완이 한국에 더 애정이 있어 보였다. 오랜 친구나라여서 일까?, 자유민주주의라서일까? 중국 사람들은 뭔가 의례적인 느낌이 들었다. 왜 그럴까? 오솔길은 정감 있고, 소나무와 전나무가 숲을 이루었다. 숲은 이름 모를 풀과 꽃들로 넘쳐났다.

나무다리를 넘었다. 페레강의 물은 힘차게 흐르고 있었다. 강물은 어디든 탁한 색이었고, 우렁찬 소리를 내고 있었다.

라 풀리La Fouly, 1610m는 정면의 커다란 라뇌브 빙하Glacier de l'A Neuve가 인상적이었고, 소도시인데 집들은 전형적인 스위스의 목가풍이었다. 산 사면에 스키 곤돌라가 매어 있었다.

겨울에는 스키 손님으로 북적이고, 여름에는 TMB를 걷는 트레커들로 북적대는 마을이었다. 여기도 집들은 제라늄으로 장식된 창과 빨간 지붕들

라 풀리 도착 페레 고개를 넘어, 계곡을 지나, 산등성이를 타고 라 풀리에 도착하였다. 숙소를 찾기 전 저녁 햇살을 느긋하게 받으면서 여유롭게 망중한을 즐기고 있다.

을 어디서든 볼 수 있었다.

라 풀리의 에델바이스 호텔Hôtel Edelweiss은 호텔과 콘도를 함께 운영하였다. 목욕실과 화장실도 깨끗하고 식당도 호텔의 구색을 갖추고 있었다. 또다시 우리는 마주 앉았다. 하루를 되돌아보았다. 문석 형이 "자신을 얽어매는 벽을 깨자!"고 자신 있게 분위기를 주도하였다. 필진 형이 "나는 이번 TMB를 통해 자유를 찾았다."고 했다. 60대의 담론은 거칠 것이 없었다.

승관 형은 "당초 계획했던 길을 견디며 가는 모습이 좋았고, 힘들어도 피하지 않고 다른 길로 돌아가지 않아 가슴 뿌듯했다."라면서 지난 길을 평했다. 좋은 하루였다. 그러나 늘 너무 좋으면 탈이 났다. 그날 주필 형은 저녁값을 계산하고 카드를 어딘가 두었는데 아직도 못 찾고 있다.

내일이 TMB의 모든것

6일 차 | 07.11 Thu (총 누적거리 104km)

시작지점	도착지점	고도/m	고도차/m	구간/km	누적/km	시간/분
라필 마을	프라즈드프르(Praz-de-Fort)	1151	(459)	8.6	8.6	140
프라즈드프르(Praz-de-Fort)	이세르 마을(Issert)	1055	(96)	2	10.6	50
이세르 마을(Issert)	샹펙스 호수(Lac Champex)	1466	411	5.6	16.2	150
샹펙스 호수(Lac Champex)	아르페트 산장(Relais d'Arpette)	1627	161	2.3	18.5	40

<고도차: 붉은 색은 내리막>

이동: 8시간, 이동거리: 18.5km

- 에델바이스 ···› 라 풀리를 거슬러 페레강을 건너 숲길 걷기 ···› 프라즈드포르 마을 ···› 이세르 마을
- 이세르 마을 ···› 신작로 넘어 숲길 걷기 ···› 벨베데르 호텔 ···› 샹펙스 호수 ···› 아르페트 산장Relais d'Arpette

기본으로 돌아가자

채문식 캡틴은 "이번 구간은 비교적 수월한 구간이다. 시골길, 산비탈, 시골마을, 협곡의 오솔길이다. 어떻게 걷느냐?에 따라 추억도 되고, 문명을 한 걸음 비켜 갈 수 있는 아름다운 길이다."라고 아르페트 구간을 설명했다.

오늘은 비교적 평탄한 길을 또각또각 걸을 것 같았다. 우리는 시간이 흘러갈수록 길에 대한 안정감과 평온함을 느끼면서도 길의 놀라움과 시간의 경이로움을 깨달아가고 있었다. 내 눈에, 내 발에, 내 몸에 새겨지고 있었다.

최승관 조장이 몸 풀기 운동을 시작했다. 이제 프로그램의 하나로 자리 잡아 익숙하였다. 시작이 문제였다. 시작하면 굴러가게 되어 있었다. 준비운동이 끝나고 승관 형이 "즐거운 산행하십시오?"에 모두가 한바탕 웃어 버렸다.

이에 질세라 우리 C조는 구호를 덧붙였다. "백, 백, 백투더 베이직Back to the Basic" "기본으로 돌아가자!" 이야기는 그랬다. "우리 C조는 뒤처지더라도 서두르지 말자. 한 발 한 발 힘있게 걷자. 부화뇌동하지 말자. 우리 길을 가자." C조는 생각하는 팀이 되어갔다. 아니 행동하는 팀으로 자리를 잡아가고 있었다.

TMB 구간은 어느 정도 룰이 마련되어 있었다. 숙소에 들어가면 등산화와 스틱을 지정된 장소에 두었다. 비박은 원칙적으로 지정된 장소를 이용하고 있었다. 이정표도 쉬운 길은 사다리꼴로 노란색, 일반적 등산로는 흰 바탕에 붉은색 바, 난이도가 센 등산로는 흰 바탕에 푸른색 바로 표시되어 있었다.

이정표는 구간마다 길이 바뀌는 지점에 예외 없이 방향을 정할 수 있도록 2~3개의 길을 알려주었다. 음식값도 상당히 합리적으로 정해져 있었다.

이정표

이정표를 보면 때때로 시간을 느낄 수 있다. 내가 걸어온 길을 되짚어 본다. 그리고 알게 된다. 인생은 가도 가도 길임을 깨닫는다. 조용히 두 손을 모은다.

다만 맥주 가격은 다소 높게 책정되어 있었으나 커다란 불만은 없었다. 와인은 가격보다 만족도가 상당히 높았다.

TMB길을 찾기 위해 어제 왔던 길을 되돌아 걸어갔다. 라 풀리La Fouly, 1610m 마을을 벗어나면서 나무다리를 넘었다. 낙엽송이 커다란 벽을 만들었다. 호수가 하늘을 비추고 있었다. 날씨는 화창하면서도 온화했다. 숲길은 편안한 트레킹이라고 하나 편해 보이지는 않았다.

가파른 오솔길을 오르자 바람을 이기지 못해 가지가 꺾이고, 밑동이 뽑힌 소나무가 새로운 길에 들어섰음을 알려주었다. 길을 오를수록 활엽수가 침엽수에게 자리를 내주었다.

맞은 편 경사진 언덕에는 아름다운 목조 가옥들이 한눈에 보였다. 목초지는 끝도 없이 산허리에 펼쳐져 있었다. 물줄기는 계곡을 가로지르고, 쏜살같이 흐르면서도 햇살을 받아 반짝였다. 이럴 때 내가 하는 일은 사진기 셔터를 마구 눌러대는 것 외에 달리 할 일이 없었다.

I'm North Korean, My Friends are from South

오솔길은 산허리로 깊게 들어갔다. 외길은 급경사로 이어졌다. 이 외길로 우산을 쓰고 토닥토닥 걷는 사람이 있었다. 걷는 모습이 꾸밈이 없어 보였다.

가끔 우산을 목덜미에 걸치고 빙그르르 돌리면 묘한 환상적 분위기를 자아냈다. 흰빛과 푸른빛과 초록빛의 조화가 자연스럽게 느껴졌다.

어느 정도 걷자 길이 트였다. 달구지가 지나가도 될 정도로 넓어졌다. 우산에 중남해中南海라고 적혀 있었다. 70대 초반의 중국인이었다. 중국의 무

내 비밀은 이런 거야! 오랜만에 숲길은 고즈넉하였다. 어느 중국인이 중남해中南海라고 쓰인 우산을 쓰고 가고 있었다. 순간 호기심이 발동했다. 누굴까? 그는 남과 북에 대해 나름 괜찮은 식견을 갖고 있었다.

협지에 나오는 검객의 고수처럼 느껴졌다.

순간 중남해中南海 하며 자문했다. 중국공산당 최고지도부가 집단 거주하는 베이징의 중남해中南海가 아닌가! 의아스러웠다. 그런데 젊은 가이드 2명과 걷고 있었다.

무작정 다가갔다. 알프스에서 우산 검객의 고수를 본 것처럼 신선하다며 말을 건넸다. 웃음을 띠면서 고맙다고 했다. 한국 사람이냐고 묻기에 "그렇다~"고 하자, 자신은 평양과 서울, 그리고 미국도 다녀왔다. 남북관계에 관심이 많다며 일반 시민들의 입장을 물어왔다.

엉겁결에 "비핵화가 무엇보다 중요하다. 그러나 더욱 중요한 것은 남북간 민간교류와 상호방문이다. 그리고 자유왕래할 정도로 신뢰조성이 중요하다."라고 답하자, 중국인은 "상호이해와 교류를 통해 신뢰를 쌓아야 한다."라는 원론적인 입장을 표현하면서도 김정은의 북한체제를 두둔하는 스탠스를 취했다.

대한민국이 부자이고 먼저 개혁을 했으니 형의 입장에서 대화해야 한다고 주장하였다. '메이드 인 차이나'가 어디서도 팔리고 있으나, 중국도 한 단계 업그레이드를 통해 질적 상승을 할 때라고 힘주어 말했다.

자신은 TMB를 걸으면서 "중국과 결이 다른 알프스의 숨결과 자연의 힘을 배우고 있다."라면서 웃고 갔다. 순간 저 70대가 TMB를 걷고 있다는 사실이 놀라웠다. 중국의 저력과 기운이 한 발 더 다가왔다.

길을 따라 걷자 화려한 색상의 시골마을이 나타났다. 농가주택이 전혀 군더더기가 없었다. 프라즈드프르Praz de Fort, 1151m다. 로봇이 잔디를 고르고, 수동식 잔디깎기로 정원을 다듬고 있었다. 문은 굳게 닫혀 있으면서도 사람이 움직이는 흔적들이 곳곳에 있었다.

아이들은 볼을 집 벽에 차고 놀고 있었다. 아이들 사진을 찍으려 하자 형으로 보이는 아이가 정색하면서 NO 한다. 얼굴에 화가 난 표정이 역력했다. 아이의 자존감을 건드렸나 보다. 아이에게 정중히 사과하자 아이도 웃고 말았다. 그러나 아이의 격분한 표정이 내내 뇌리에서 사라지지 않았다.

그래도 기죽지 않고 셔터를 눌러 댔다. 프랑스 젊은 연인들이 우리들의 걷기에 관심을 지니고 물었다. 또다시 주필 형의 장난기가 발동했다.

"I'm North Korean, My Friends is from South."

이에 프랑스 젊은이들도,

"What! Really! 말도 안 된다. 북한과 남한은 그럴 수 없다. 이해가 안 된다."

그건 그렇고 노트르담Notre Dame이 프랑스에 참 많다. "노트르담의 뜻이 뭐냐?"고 물었다.

쉽게 말해 Our Mother나 Protector 의미였다. '성모마리아 또는 구세주'다. 그들은 다시 한번 "I'm North Korean, My Friends are from South."에 대해 "농담이지?"했다.

우리는 사실 별다른 의미 없이 남북관계를 소소하게 거론하였다. 그런데 우리보다 다른 나라가 김정은과 북한에 대해 더 확실한 적대감을 지니고 있다는 데 정말 놀랐다.

사실 남북문제는 우리에게 치명적인 생존문제인데도 어느 순간 다 아물어 버린 상처로 치부하였으나, 남북한 현실은 우리에게 피할 수 없는 상황임을 다시금 깨달았다. 외국인들은 우리가 그렇게 남북대치 상황을 편하게 받아들이고 있는가를 의아해했다.

주필 형이 우리를 돌아보며 나온 김에 우리의 폐쇄적 민족주의를 거론했다. 애국가에 "대한 사람 대한으로 길이 보존하세~"는 바꾸어야 할 가사다. 왜나면 우리 민족의 폐쇄성과 혈연주의가 묻어난다.

그런데 미국 사람들과 이야기해보면 미국을 '내 손자에게 물려줄 나라'라고 지칭하는 사람들이 대부분이었다. 나라의 존립이 바로 나부터 시작했다. 주어가 나라가 아니라 나다.

이것은 커다란 차이였다. 이 차이를 극복해야 우리가 진정한 선진국이 될 수 있는 것이 아니었을까? 오래 살다 보면 생활의 지혜가 철학이 된다. 철학은 거창한 것이 아니었다. 철학은 어떤 상황이나 현실을 자기 나름대로 해석하고 규정하고 틀을 만들어내는 것이 아닐까?

길을 가는 데 중국인 중남해 인사가 되돌아 왔다. "왜 돌아오냐?"고 묻자 우산을 잃어버려 되돌아가고 있었다면서 웃었다. 그렇지 중요한 우산이지 하며 나도 웃었다.

닫힌 문 나무로 만든 덧문은 열려 있으나 쪽문은 닫혀있다. 디자인 스위스답지 않게 투박하게 집을 밀폐하고 있다. 아무래도 그들 곁을 말없이 지나가야 할 것 같다. (위)

하이드 인형 백설공주와 난장이 인형이다. 스쿠터를 탄 인형이 이색적이다. 누군가 바이올린을 켜고 있었다. 그때 문득 깨닫는다. 아직도 동화와 같은 세상이 있음을… (아래)

인간 노새

이세르Issert, 1055m 마을은 오래된 집이나 새로 지은 집이나 잘 꾸며져 있었다. 집을 장식한 작은 하이드 인형들, 닭을 가두리에 놓아 기르는 닭장들이 "스위스답다." 그런데 닭장 안 암탉은 등의 털이 다 뽑혀 흰 살이 드러나 있었다. 이건 스위스답지 않은데 왜일까?

사실 마을 길은 TMB 종주자들에게 매력이 없는 구간이라고 했다. 그런데 우리에게는 많은 추억거리를 주었다. 장미숙 형수는 아직도 풍부한 상상력을 갖고 있었다. 빗자루가 덩그러니 놓여 있는 것을 집어 들었다. 빗자루 타고 날아다니는 마녀연기가 천연덕스럽다. 길을 따라 내려가자 중국인 안내원 2명이 밥을 먹고 있었다. '봉주르!' 하자, '엄브렐러umbrella!' 한다.

마을을 지나자 우리나라의 신작로와 같은 길이 있었다. 시외버스가 서고, 주변에 레스토랑과 편의점이 딸려 있었다. 샤텔 레스토랑은 신작로를 마주 보고 있었다. 신작로에는 햇볕이 뜨겁게 내리쬐고 있었다. 나는 주저앉아 마음껏 따뜻한 햇볕을 쬐었다. 햇볕은 옷 속으로 파고들었다. 기분 좋은 따뜻함이 나를 행복하게 했다. 맥주를 목으로 넘겼다. 시원함이 발끝까지 이어졌다.

여기는 물이 에비앙 원수로 지천인데도 "목을 축일 때는 꼭 맥주를 먹는다." 이럴 때 추임새가 있었다. 문석 형이 역시 입담 좋게 김광균 시인의 '설야'雪夜를 암송했다. "마음 허공에 등불을 켜고, 내 홀로 밤 깊어 뜰에 내리면, 머언 곳에 여인의 옷 벗는 소리~"라며 서양과 다른 맛, 멋, 태가 있었다.

여인의 옷 벗는 소리뿐 아니라, "구름에 달 가는 소리, 여인의 술 빚는 소리"가 있었다면서 술은 소리로 먹어야 제맛이라고 추임새를 넣었다. 멀리서 워낭소리가 바람결에 들려왔다.

신작로를 넘어서자 오솔길이 나왔다. 오르막이 다시 시작되었다. 모두 맥주를 먹어서인지 어렵다기보다 힘들어하는 모습이 역력했다. 우리가 마터호른과 TMB를 10여 일 트레킹하면서 체력이 고갈되고 있음이 현실로 다가왔다. 이럴 때는 인내가 필요하였다. 걷겠다는 강한 의지가 우선이었다. 산을 오르는 것은 높은 산이나 쉬운 산이나 같았다. 내 몸의 상태가 좋으면 쉽다. 내 몸 상태가 나쁘면 모든 산이 에베레스트다. 멀리서 물소리가 들려왔다. 점심을 준비할 시간이었다.

계곡을 따라 작은 물줄기가 이어지고 있었다. 채문식 캡틴이 물을 받았다. 이제부터 또다시 나의 역할이 시작되었다. 아무래도 한 살이라도 어린 내가 물을 지겠다고 자청하였다. 아직도 무게가 나가는 배낭에 2kg을 얹어 걸었다. 우리는 물을 지는 사람을 인간 노새라고 칭하면서 격려하였다. 밥을 짓기 위해 물을 받을 때면 서로 물을 지겠다고 나섰다. 나이 60대가 넘으면 이타심이 생기는 것인가? 아니면 공명심인가?

냇가에는 메리골드와 비슷한 노란 꽃이 밝게 피어 있었다. 계곡물은 그늘 속으로 구불구불 흘렀다. 정오의 하늘은 높아만 갔다. 길은 꼬불꼬불 하늘로 뻗어 있었다.

힘이 빠져야 균형을 잡는다

오르막 오솔길에 태양만 가득하였다. 바람이 전혀 없었다. 나무 꼭대기에도 바람은 그림자도 없었다. 언덕을 오르는 내 숨소리와 계곡을 따라 흐르는 물소리만 들렸다. 햇볕은 나무줄기 사이로 들어와 풀의 향내와 섞였다. 나무로 빚은 다람쥐와 두꺼비, 산토끼 형상과 남근상이 있었다. 이어 암

암벽등반 암벽 타기는 외줄에 매달려 있다. 가족들 모두 서로 줄을 잡고, 당겨주고 힘을 합해 산을 타고 있다. 아이들도 소리를 지르면서 응원하고 있다. 삶은 축제다.

벽등반 현장이 나왔다.

우리 C조는 잠시 서서 암벽등반 현장을 보기로 했다. 일가족이 암벽을 오르고 있었다. 먼저 아이들이 줄을 갖고 기본동작을 배우고 있었다. 부부로 보이는 클라이머가 줄을 정상에 비끄러매고 한 사람씩 올라가고 있었다.

암벽등반의 핵심요령은 바위를 이기려 해서는 안 된다. 손가락으로 몸을 지탱하는 것은 맞으나 자기 몸을 손가락으로 올리려 해서는 안 된다. 하체를 사용해 리듬을 타고, 몸의 균형과 조화를 통해 암벽을 오른다고 했다.

운동이든, 삶이든 힘을 빼야 한다. 힘이 빠져야 균형이 잡히고, 체중이 이동된다. 체중이 이동되어야 걸을 수 있고, 오를 수 있다. 오늘 나는 걸으면서 얼마나 힘이 빠졌을까?

그래도 오르막은 계속되었다. 별안간 이현숙 님이 "힘들어 죽겠다. 이거

나무 인형

길을 걷다 보면 나무 인형들을 많이 만난다. 산양, 토끼, 마멋 그리고 개구리의 형상이다. 그런데 개구리는 왜 있을까? 물었으나 세상은 넓다고 했다.

남은 거리를 모르겠다. 도대체가 판단을 할 수가 없었다. 막막함이 너무 힘들었다."고 한마디를 덧붙이셨다. 우리나라는 km로 거리를 표시하고 있었다. 여기는 이정표가 시간과 방향만 제시하고 있었다. 이현숙 님은 내내 말없이 묵묵히 걷고 계시는 모습만이 각인되어 있었다. 그런데 우리처럼 걷기의 고통을 갖고 계셨다. 우리 남자들이란 얼마나 이기적인가를 다시 한번 깨달았다.

오르막이 다할 무렵 주황색 작업복을 입은 스위스 근로자가 우리를 보고 반색을 했다. 땀 흘려 일하면서도 손을 흔들고, 행운을 말하고, 길을 비켜주었다. 하도 열심히 일하여 가만히 물끄러미 쳐다보았다.

그는 미소로 응답하면서 "이것이 내 직업이다." 하면서 건강하게 웃었다. 온전하게 삶을 대하는 모습이 감동적이었다. 그는 이 순간을 살아가고 있는 사람으로 보였다. 잘 가라고 손짓을 했다. 그가 행복해 보였다. 육신과 영혼이 함께 가는 모습이 너무나 감동적이었다. 나도 현직에 있을 때 저랬을까? 괜히 스스로 자신이 부끄러워졌다. 그나마 그를 보고 냉담한 시선이 아니라 그에게 감동을 받는 내 모습이 대견해 보였다.

오르막 계곡 길은 톱질 소리, 새소리, 물소리가 잘 어우러졌으나 길게만 느껴졌다. 그래도 개구리, 마멋 등 동물형상의 나무조각들이 우리를 반겨주었다. 스위스 사람들의 마음 씀이 가슴 깊게 다가왔다. 오솔길을 줄곧 걸었다. 2시간 가까이 걷자, 아스팔트 길이 나왔다. 멀리 하늘을 향해 우뚝 솟은 산이 찬란하게 빛났다.

시선을 돌리자 샹펙스Champex, 1466m 이정표가 나왔다. 대부분 리조트 건물들은 산에 둘러싸여 포근해 보였다. 주황색 옷을 입은 근로자가 길을 다듬는 모습이 평화롭다. 여기도 모든 창가에 붉은 꽃들이 장식되어 있었다.

자기 발로 걷는다

샹펙스Champex, 1466m는 인공호수였다. 아들과 아버지가 낚시를 하고 있었다. 한쪽에는 낚시로 낚은 손바닥만 한 고기가 펄떡거렸다. 2인용 보트가 한가롭게 여기저기 떠 있었다. 벤치에는 여행객들이 호수를 바라보면서 인증샷을 찍고 있었다. 우리도 부담 없이 배낭을 내려놓았다. 벤치에 앉고, 사진을 찍고 자유스럽게 시간을 보냈다.

필진 형이 "쉬어야 걸을 수 있다. 걸었으니 쉬어가야 한다." 그렇다. 인생은 다양한 자극이 필요하다. 열심히 일하다 휴식한다. 움직임이 있었으면, 움직임이 없는 상태가 있어야 한다.

걷기에서 적절한 휴식은 더 잘 걷기 위한 하나의 과정이었다. 걷기와 마찬가지로 휴식은 생각을 정리해주었다. 생각하는 힘을 이어주었다. 등산하면서 소중하게 다가서는 진실은 등산도 삶이었다. 산에서도 밥을 제대로 갖추어 먹고, 좋은 공간을 만나고, 쉬어가며 사색하고, 생각하는 나를 만들어가는 습관을 들여가고 있었다.

그리고 잘 먹는 습관이 중요하였다. 휴식을 마치고 슈퍼에 들어갔다. 맥주와 아이스크림을 사 들고 허기를 채웠다. 내일 걸어가는 목표인 트리앙Trient, 1279m를 가는 길은 아르페트 고개Fenétre d'Arpette, 2665m의 길과 보빈 목장Alp Bovine, 1987m길이었다. 우리는 아르페트 고개를 넘어가기로 했다.

샹펙스 호수길을 벗어나자 두 갈래 길이 나왔다. 우리는 좌측의 아르페트 길로 접어들었다. 곤돌라가 설치된 오솔길보다는 넓은 마차길을 택했다. 30분 정도 오르막을 걸어가자 아르페트 산장Relais d'Arpette, 1627m이 나타났다.

저녁은 너무나 평화로웠다. 산장도 완벽해 보였다. 사람들은 TMB를 어

샹펙스 호수 의외로 많은 사람이 낚시하고 있었다. 팔뚝만 한 고기를 걷어 올리는 사람도 있었다. 아버지는 개와 함께 아들을 물끄러미 쳐다보고 있었다. 삶은 어디서나 같음을 깨달았다.

느 정도 걸었다는 자부심이 넘쳐있어 보였다.

여기서 혜초 여행사 팀을 만났다. 우리나라 사람들은 만나면 나이를 묻고, 고향을 물었다. 우리 팀 형들보다 2살이 적었다. 대구에서 왔다. 이들은 TMB를 시계방향으로 걷고 있었다. 우리는 반시계방향으로 걷고 있었다. 이들은 우리와 달리 중요한 지역을 선별하여 방문하는 거점 TMB를 하고 있었다.

우리는 "자기 짐은 자기가 진다. 자기 발로 걷는다."였으나 이들은 간편한 짐으로 걷고, 부담이 없어야 한다. 알프스를 즐긴다. 사실 TMB에 와보니 많은 사람이 말이나 여행사 버스의 도움을 받고 있었다. 가치판단의 문제였다. 우리가 두 발로 걷는다는 입장만 고수할 뿐이지 그렇다고 우쭐할 일은 아니었다. 그러나 여행사 팀은 누구에게 물어봐도 어디를 가는가를 누구도 모르고 있었다. 그들은 가이드와 팀을 그냥 그대로 따라다녔다.

벨기에 가족 팀 10여 명이 말을 앞세우고 들어왔다. 말에서 짐이 내려지고, 말은 고삐에 묶였다. 말의 휴식시간이었다. 고삐는 묶였으나 육중한 200kg의 무게를 버렸다. 말은 긴장과 힘을 풀고 황홀한 눈빛으로 주변을 둘러봤다. 순간 나의 눈과 마주친 말의 눈빛을 잊을 수가 없다.

말은 안정감을 느꼈는지 별안간 벌떡 드러누웠다. 하늘을 보고 몸부림을 치면서 등을 비비고, 목놓아 소리를 높였다. 몸으로 사지를 비틀고 외마디 비명을 질러댔다.

마부는 일어난 말에게 소금을 주었다. 말은 마부에게 애정을 갖고 손을 혀로 핥았다. 끈끈한 우정을 쌓아 올려놓은 모습이었다. 말은 소금을 혓바닥으로 핥았다. 소금을 먹고 말은 또다시 자맥질하듯 잔디밭에 누워 자유를 만끽했다. 말은 이렇게 또 다른 노동의 감옥을 준비하고, 마부는 옆에서 모닥불을 피워놓고, 햄을 구워냈다. 옆에서 장작 몇 개를 더해주자 우리에게도 햄을 나누어 주었다. 숯불에 구운 햄의 맛은 담백하고, 즙이 넉넉한 쫄깃한 맛이었다.

다시 퐁뒤

저녁 식사 시간이 되었다. 체르마트에서 먹은 퐁뒤Fondue를 다시 시켰다. 치즈 퐁뒤와 사슴스튜 요리였다. 기본적으로 퐁뒤는 꼬치 먹는 법과 비슷하였다.

빵과 고기, 과일을 한입 크기로 썰어 긴 꼬챙이에 끼우고, 치즈를 녹인 소스에 찍어 먹었다. 사슴스튜는 우리의 갈비찜과 비슷한 요리였다. 와인에 곁들여 먹으니 일품이었다.

그런데 와인을 시키면서 그동안 우리가 소통이 안 된 결정적 이유를 알았다. 프랑스 와인은 보르도Bordeaux와 부르고뉴Bourgogne 와인으로 분류되고 있었다. 우리가 다닌 지역은 부르고뉴 지역이었다.

이 지역은 가메Gamay 품종의 와인이 대세였다. 유럽인들은 토산 품종을 우리의 막걸리처럼 먹었다. 여기서 가메가 아닌 다른 품종을 시켰으니 마이동풍이었다. 웨이터들은 자기 지역 와인 외에는 한마디도 소통이 안 되었다.

그래도 와인과 빵은 우리를 즐겁게 했다. 빵과 퐁뒤가 남았으나 장미숙 형수가 아이디어를 냈다. 주방경력 30년이 빛을 발했다. 덥석 빵을 가져다가 퐁뒤를 빵과 빵 사이에 발라 퐁뒤 햄버거를 만들었다. 우리는 간단하게 내일의 점심을 준비했다.

이를 보고 혜초 팀이 "어르신들은 역시 경륜이 있다."고 하여 졸지에 형들은 어르신이 되었다. 음식을 먹고 마실수록 몸과 마음이 가벼워지고 사소한 일에도 웃는 어른 아이가 되었다.

우리 모두의 경계가 사라졌다. 주필 형이 "뭐야, 객지 밥 10년인데~" 하여 모두 호쾌하게 웃었다. 음식은 우리에게 마음의 문을 열어 주었다. 퐁뒤 만찬은 예술이었다.

저녁을 끝마쳤는데도 8시였다. 난데없이 뻐꾸기가 울었다. 마당 뒤켠에는 모닥불이 아직도 타고 있었다. 모닥불 옆으로 가서 앉았다. 모닥불 앞에서는 아무리 앉아 있어도 피곤하지가 않았다.

모닥불은 새로운 힘을 얻는 안식처였다. 모닥불보다 영혼을 가깝게 만들어 주는 것도 없었다. 모닥불 속에 그동안 걸은 몽블랑의 추억들이 피어올랐다. 내일 일어나면 무언가 변화된 나를 만날 수 있을 것만 같았다.

채문식 캡틴이 "내일 걷기가 TMB의 모든 것이다. 오늘 푹 자자. 날씨가

밤하늘 한가운데 걸린 달 매일 새벽 2시경 칠흑 같은 어둠 위로 은하수 별 무리를 기대하면서 어김없이 일어났다. 달이 휘영청 밝아 별 무리는 없었으나 그래도 정적이 깃든 거리와 밤이 좋았다.

도와주기를 기원하자." 하면서 내일을 환기했다. 문석 형도 "푹 자자. 그리고 잘 자려면 수면 유도제가 도움이 된다."라고 하여 받아먹었다.

그런데 특이하게도 수면 유도제를 먹었지만 아무리 잠을 자려 애를 써도 안 되었다. 자다 깨다 반복했다. 불현듯 잠결에 "우리가 지금 산에 있지~" 라는 생각이 들며 별을 떠올렸다. 삼각대도 갖고 왔으나 아직 써보지 못하였다.

삼각대를 써야 한다는 강박감이 새벽 2시에 별을 찾으러 일어났다. 밖은 칼바람이 불고, 달은 중천에 떴다. 한밤의 달빛은 푸른 하늘 속에서 황금빛 아우라를 뿜어냈다. 흰 눈이 뿌려져 있는 봉우리를 감쌌다. 여기에 북극성과 10여 개의 별이 드문드문 박혀 있었다.

인생 뭐 있어!

7일 차 | 07.12 Fri (총 누적거리 117.9km)

시작지점	도착지점	고도/m	고도차/m	구간/km	누적/km	시간/분
아르페트 산장 (Relais d'Arpette)	라 발므 (Lar Barme)	2143	516	3	3	80
라 발므 (Lar Barme)	아르페트 고개 (Fertetre d'Arepette)	2665	522	2	5	125
아르페트 고개 (Fertetre d'Arepette)	빙하산장 (Charet du Glacier)	1583	(1082)	5	10	130
빙하산장(Charet du Glacier)	르퓨티 산장(Le Peuty)	1328	(255)	3.9	13.9	70

<고도차: 붉은색은 내리막>

이동: 8시간, 이동거리: 13.9km

- 아르페트 산장 ···› 계곡 길을 따라 걸으면서 하천을 지나 오르막 너덜길을 지나 아르페트 고개
- 아르페트 고개 ···› 내리막 ···› 빙하산장 ···› 오른편 길을 따라 숲길 걷기 ···› 르퓨티 산장

1g이라도 줄이자

생각과 달리 아침에 일찍 잠을 깼다. 새벽 2시까지 뒤척였음에도 오히려 몸은 상쾌했다. 새벽에 맞았던 바람도 전혀 없었다. 그 많던 바람이 어디로 갔을까? 주변은 고요했다. 산들바람도 없고, 태양만이 하늘을 점령하고 있었다.

채문식 캡틴이 아침을 먹으면서 재충전을 독려했다. "오늘이 정말 커다란 고비다. TMB에서 아르페트 고개와 푸르 고개는 높이2665m가 같다. 그러나 난이도는 아르페트가 훨씬 높다. 정말 배낭의 무게를 1g이라도 줄여라. 최대한 단순하게 짐을 꾸려라. 그리고 천천히 서두릅시다."

오늘 걷기는 무엇보다 집중력과 판단력이 필요하다. 자신의 힘으로 가야 한다. 오늘은 날씨도, 식량도 다 구비되었다. 어떤 상황도 이보다 좋을 수는 없었다. 우리는 악천후였다면 일정변경이 불가피하였으나 하늘이 우리를 도왔다.

나는 1g이라도 줄이기 위해 수프와 죽을 선반 위에 올려놨다. 주필 형이 1g을 줄이자면서 선크림을 덧붙여 발랐다. 그래 봐야 우리는 알프스의 태양이 이미 얼굴을 검게 만들었다. 우리는 아침마다 선크림을 두껍게 발라도 햇볕에 그을렸다.

나도 갖고 있던 양말이며 속옷들을 버렸다. 역시 말은 행동을 부추기는 힘이 있었다. 70년대 '잘살아보자! 새벽종이 울렸네, 새 아침이 밝았네!'가 생각났다. 말이 사람을 변화시키고, 시대를 바꾸고, 세상을 움직였음을 알겠다.

C조는 "가자! 가자! 아르페트!"를 구호로 외쳤다.

필진 형이 한마디 덧붙였다. "그렇다. 마법사들에게는 지각이 없다. 언제든 마법사가 도착하는 때가 마법사의 시간이었다." 우리 C조는 반지의 제왕처럼 간다. 반란이 새로움을 만든다. 중요한 것은 시간도, 속도도 아닌 모두가 함께 가는 것이다.

언젠가 읽었던 인디언의 인사말이 생각났다.

"미타쿠예 오야신"(모든 것은 하나로 연결되어 있다.)

어느덧 우리는 하나로 연결되어 있음을 깨달아 가고 있었다. 오늘 우리의 구호는 "우리는 하나다."가 되었다.

성공한 곳은 떠나라

8시 30분 아르페트 계곡Val d'Arpette을 향해 첫발을 내디뎠다. 완만한 오르막길을 올랐다. 깊은 계곡과 개울물이 곳곳을 막아섰다. 비가 왔다면 아찔한 상황이 여러 곳에 도사리고 있었다.

채문식 캡틴이 "정말 커다란 고비다."가 여기저기 보였다. 다시 한번 "서두르지 말자~"를 되뇌었다. 서두르지 않으면 실수를 막을 수 있었다. 걸을 때는 집중했다. 힘들면 침묵했다.

문득 문석 형이 오늘의 한 말씀을 하신다. 교수들의 교수법에 대해 "30대는 모르는 것을 가르친다. 40대가 되면 아는 것만 가르친다. 50대는 좋아하는 것만 가르친다. 60대에는 생각나는 것만 가르친다." 하면서 교수는 철없이 가르치고, 생각 없이 산다고 어느 교수의 이야기를 전했다.

교수뿐만 아니라 사람의 본성이 그렇다면서 나이가 들고 세월이 가면 철드는 것이 사람인데 세상에 나와 봐야 진실을 안다. "실패한 곳으로 돌아가

다른 길은 없다 아르페트 고개를 올라가는 길목이다. 문득 뒤돌아보니 내가 걸어온 길이 보였다. 내가 걸어온 이 길이 내 길이었다. 삶도 그렇다.

고, 성공한 곳은 떠나라."라는 소설가가 있었다. 그런데 나는 떠날 곳은 없고 돌아갈 곳만 무수하게 떠올랐다.

오늘 가야 할 길을 바라보았다. 그동안 풍경으로 봤던 황폐한 빛깔이 눈앞에 현실로 나타났다. 숲의 시선을 넘자 거친 풍경이 가로막았다. 우리가 몽블랑의 가장 어렵다는 구간에 들어섰다는 사실을 보여주었다.

아르페트 고개를 사이에 두고 거대한 수직의 봉우리 장벽이 병풍을 쳤다. 마치 피라미드처럼 우뚝 솟아 있었다. 봉우리들 주변으로 구름이 떠갔다. 구름이 비켜 갈 때마다 산사면을 중심으로 설원이 펼쳐져 있었다. 아르페트의 힘이 우리를 압도하고 있었다.

아르페트의 위용과 달리 이곳은 햇볕이 강렬하였다. 그래도 지금은 온화

모든 것이 평화롭다 아르페트 계곡에서 하늘을 바라보았다. 하늘은 끝없이 높았다. 하늘 아래 거대한 봉우리가 하늘을 받치고 있었다. 가던 길을 멈추어 서서 주위를 아무리 봐도 세상은 멀리 있었다.

하였다. 아주 유쾌하게 시작하고 있었다. 그러나 상황은 늘 가변적이었다. 더없이 행복한 순간도 끝이 있었다.

라 발므La Barme, 2143m 지역을 넘어서면서 어느 순간 발을 뗄수록 땀, 땀, 땀범벅이었다. 그래도 옷은 바람 때문인가! 강렬한 햇볕 때문인가! 바로 말랐다. 더욱 이상한 점은 3일을 입어도 몸에서 냄새가 없었다.

우리나라에서는 통상 하루만 걸어도 땀에 젖고, 몸에서는 역겨운 냄새가 범벅이었다. 그러나 알프스는 냄새가 생각보다 적었다. 아니 거의 없었다.

그래도 우리는 이제 피곤의 무게에 눌려가고 있었다. 오를수록 힘겨웠다. 위로 향하는 발걸음마다 고통이 무게를 더했다. 태양은 점점 강렬해졌다. 힘든 구간이 반복되었다.

장미숙 형수가 "이제 고산은 오르지 않는다." 선언하였다. 이에 이재숙 형수가 "정말?" 하고 묻자 "아니 5천m 이상 안 한다."라고 역시 삶의 고양은 쉽지 않다. 그러나 고통보다 우리를 즐겁게 하는 것은 행복이었다.

사람에게 쉬운 일이란 없었다. 그리스인들은 판도라의 상자를 만들어 모든 악을 쏟아놓고, 마지막으로 희망을 토해 놨다. 몽블랑을 걸으면서 매일 꽃을 봤다. 꽃들은 우리에게 무엇인가를 상승시키고 올려주는 무엇인가가 있었다. 꽃들은 영혼을 채워주는 무거운 힘이 있었다. 나는 꽃을 보면 나만이 걷고 싶은 나의 길이 보였다.

문석 형은 역시 가식이 없는 재담가였다. 스페인 부부와 재미있게 필담 수준의 이야기를 한다. '론다!'를 아느냐? 헤밍웨이의 "누구를 위하여 종은 울리나"를 아는가?

사실 론다는 스페인 최대의 투우 도시였다. 스페인 부부는 론다를 안다면서도 투우에 대해서는 애써 부정했다. 마치 우리가 개고기를 먹지 않는다고 프랑스인 앞에서 부정하는 모습이었다. 이제 투우는 태양과 정열의 스페인 상징이 아니라 점차 지워나가는 옛이야기가 되어가고 있었다.

길은 점점 힘들어졌다. 이에 필진 형이 "길은 가야 안다. 길이 아니면 가지 마라. 길이 있으면 가게 된다. 힘을 냅시다. 인생 다시 돌아가는 거야."라고 추임새를 놓았다. 불현듯 "인생은 다시 돌아가는 거야!"라는 생각이 귀를 때렸다. 그러다 오직 걷기에만 집중하였다. 내 안의 깊은 정적이 느껴졌다. 일순간 모든 것이 조용해졌다. 생각 자체가 없어졌다. 두려움의 감정도 조급한 마음도 사라져 갔다.

어느덧 한 발 한 발 내디딜 때마다 힘이 되살아나기 시작했다. 이번에 새로 마련한 장거리용 중등산화도 위력을 발휘하기 시작하였다. 시간이 가면서 걷는 리듬이 살아났다. 체중 이동도 쉬워졌다. 체중 이동이 원활해지면서 호흡도 살아났다.

들숨 날숨의 호흡을 가지런히 하다 보면 신기하게 생각도 없어졌다. 처음 한 발을 내디디면 만 가지 생각이 앞섰다. 그러다 한 발 한 발이 쌓이면 호흡도 자리를 찾았다.

생각이 흩어지면 어느새 호흡도 흩어졌다. 호흡에 집중하면 기러기처럼 날아드는 잡념도 사라졌다. 호흡이 살아나면 내가 있는 자리도 확실하게 해 주었다.

물소리로 알았다

저만치서 채문식 캡틴과 필진 형이 바위틈에서 물을 받고 있었다. 일단 2kg의 물을 받았다. 바위투성이의 너덜지대에서 "어떻게 물을 알았냐?"고 물었다. 캡틴은 물소리로 알았다고 답했다.

물소리
점심시간이 다가오고 있었다. 사방을 둘러봐도 바위투성이의 너덜지대다. 물이 나올 곳은 없었다. 내심 물을 어떻게 구할까? 걱정이 되었다. 그런데 놀랍게도 물소리를 듣고 물을 찾았다.

내가 땅만 보고 걷고 있을 때 캡틴은 백성들의 먹일 물을 걱정하고 있었다. 그렇다 백성은 잘 따라야 리더가 일할 수 있었다.

문석 형이 "법대로는 쉽다." 하면서 성북구청 과장 당시 일화를 이야기했다. 당시 '서정쇄신과 범죄와의 전쟁'을 하고 있었다. 법대로라면 영업정지 처분을 내려야 했으나 우선 실태를 파악하였다. 자초지종을 듣고 현실에 맞게 처리했다.

당시 공무원들 사이에 "상유정책 하유대책"(상급부서는 정책이 있었다면 하급부서는 대책이 있었다.)이 있었다면서 실정에 맞는 지고지선한 정책은 없었다. 나의 강점도 약점이 된다. 정반합正反合의 법칙이었다. 객관성과 원칙은 지키되 투명성을 확보하면 되었다고 힘주어 말했다.

자유민주주의에서 자유는 본질적인 가치의 문제였다. 민주는 제도 및 수단으로 바꿀 수 있었다. 최근 좌우 대립에 따른 국론분열은 사회적 비용이 셌다. 가치와 수단의 문제를 지혜롭게 다루어야 했다. 통합과 소통이 국정운영의 요체다. 은퇴자의 고뇌에 찬 고언이었다. 한 번 공무원은 영원한 공무원 같았다.

또다시 인간 노새의 역할을 할 때다. 다행히 힘도 회복되고 있었다. 이번에는 "천천히 서두르자!"의 기본원칙을 시도해보고 싶었다. 마침 바위지대로 이루어진 너덜지대에다 눈밭으로 이루어져 있어 최상의 조건이었다.

하늘은 스스로 돕는 자를 돕는다고 했다. 우선 천천히 걸었다. 힘의 균형을 의식했다. 한 발 한 발 체중 이동을 하면서 바위를 타기 시작했다. 아주 천천히 시작했다. 배낭 무게가 10kg이 넘었어도 몸의 균형이 유지되고 있음을 느꼈다. 천천히 걷자 리듬이 살아났다. 한순간 흐트러져 빨라지면 리듬과 호흡이 무너졌다.

꽃의 힘 바위틈에 자리 잡은 야생화가 눈을 사로잡았다. 그 순간 꽃은 하나의 기적이었다. 그리고 모든 삶도 그렇게 기적처럼 살아지는 것이다.

다시 천천히 더욱 '슬로~ 슬로~'를 속으로 되뇌면서 걸었다. 그러자 어느 순간 몸이 풀렸다. 천천히 걷는 데도 속도가 붙었다. 신기한 현상이 벌어졌다. 바위를 타기 시작했다. 몸이 날아가듯이 가벼워졌다.

나의 걷기가 한순간에 달라졌다. 발로 걷는 것이 아니라 내 몸이 다리를 컨트롤하고 있었다. 오른쪽 지렛대와 왼쪽 지렛대가 서로 교대로 자리를 내어 주면서 걷고 있었다. 돌의 탄성이 느껴지기 시작했다. 흙이나 길을 밟는 것과는 달랐다. 바위는 내가 딛는 것보다, 가볍게 나를 밀어냈다. 오른쪽 발을 박차면 왼쪽 발이 저절로 움직였다. 지금껏 많은 오르막을 걸었으나 이번만큼 오르막이 경이롭게 느껴지기도 처음이었다.

그렇게 가다 얼음 눈밭이 앞을 가로막았다. 너무 쉽게 오르려 힘의 안배를 못 해서인지 얼음과 눈밭을 헤치기가 쉽지 않았다. 체력이 아니 기력이

까마귀의 역설
까마귀는 하늘을 응시하고 있었다. 멀리 비상할 것만 같았다. 그러나 걷는 자들이 던져준 음식을 향해 돌진했다. 어쩐지 까마귀는 통통했다. 세상에 쉬운 길은 없음을 알겠다.

급격하게 떨어졌다. 눈밭에서 움직일 때마다 균형을 잡기가 힘들어졌다. 경사가 가팔라지면서 점점 더 자주 눈밭에 서 있을 수밖에 없었다.

또다시 급경사의 단조로운 자갈밭이 계속되었다. 어느 순간 고소 등반에 따른 피로감이 누적된 탓인지 이제는 배낭이 무거워지기 시작했다. 아르페트 고개는 손에 잡힐 듯 지척에 있었으나, 거친 바람으로 발걸음을 멈출 수밖에 없었다. 오늘 하루 천당과 지옥을 드나들고 있었다. 그리고 고개는 바로 코앞에 있었다. 이제는 고개를 오르기보다도 지친 나머지 편편한 돌 위를 보면 그대로 주저앉았다. 그렇게 앉아 호흡을 고르면 편해졌다. 몇 m를 그렇게 걸었다. 마지막 10m는 엉거주춤 걸었다. 그렇게 협곡의 끝에 당도했다.

어머니 속에 바다가 있다

아르페트 고개Fenétre d'Arpette, 2665m는 하늘에 창을 열어둔 것만 같았다. 통통한 까마귀가 나를 맞아 주었다. 알프스에는 그래도 까마귀의 먹이가 많은가 보다. 작지만 통통한 나의 어린 시절 모습이 떠올랐다.

왜 하필 어린 시절 내 모습이 떠올랐을까? 까마귀가 두리번대는 모습이 꼭 나를 닮았다. 햇살이 있는 데도 정상은 쌀쌀했다. 산은 매번 다녀봐도 사람을 배려하지 않았다.

정상은 우리에게 여러 가지 모습으로 다가왔다. 문석 형은 우리들의 TMB 기념 깃발을 들고 환호했다. 종철 형은 승리의 V 사인을 했다.

정석 형이 배낭을 만지작거리면서 안도하는 모습이 찡하게 가슴에 닿았다. 입술이 터지면서도 내색하지 않고 인내심을 보여주었다. 정석 형이 아르페트 고개와 소중하게 만나는 모습이 감동적이었다.

이 고개가 정상 아닌 정상이었다. 우리 모두 삶의 무거운 짐을 지고 지나온 길을 보고 있었다. 이것은 정복이나 성취감이 아닌 하나의 과정을 무사히 넘긴 사람들이 느끼는 추억이었다.

우리는 기억 속에 아르페트를 남겼나. 우리는 아르페드를 통해 행복한 추억의 그림자를 붙들고 왜 TMB를 걸었는가를 답할 수 있는 소중한 기억을 만들었다. 아침에 온 어머니의 문자가 생각났다. 영양제는 잘 먹고 있니? 아버지가 돌아가시고 난 뒤 어머니는 유난히 건강을 챙기셨다. 그러다 보니 나 역시 어머니가 먹는 영양제를 함께 먹었다. 힘들다는 이유로 어머니를 잊고 있었다.

회사를 그만둔 나를 두고 아직도 희망을 품는 어머니였다. 카톡 배경 사진으로 아직도 아버지의 군대 시절 함께 찍은 사진을 넣어두고 계셨다. 누군가 나에 관해 무슨 이야기를 하면 “우리 아들 아직 바빠요!” 그렇게 나를 믿어주고 계셨다. ‘어머니 속에 바다가 있다~’는 프랑스 격언은 진실이었다.

어머니에게 마터호른 사진과 TMB 사진을 보내드렸다. 내가 프랑스, 이탈리아, 스위스를 걷고 있었다는 사실만으로도 나를 자랑스러워 하셨다. 아이들이 사는 모습을 아버지에게 꼭 전해 주어야 한다고 믿고 계셨다. 어머니가 좋은 기억을 많이 갖고 가실 수 있도록 어머니의 바다와 함께 살아야겠다.

아름다운 길

아르페트 고개의 정상을 벗어나 내리막길에 들어섰다. 20여 분 정도 내려가자 트리앙Glacier de Trient 빙하가 세월을 이기면서 햇볕을 받아내고 있었다. 빙하 사이로 폭포가 여기저기 내려왔다.

우리가 자랑하는 구룡폭포는 어디다 내놓을 수가 없을 정도로 폭포는 장관이었다. 채문식 캡틴은 여기서도 뷰 포인트View Point 인증샷을 찍어주기에 여념이 없었다. 계곡은 직벽에 가까울 정도로 가팔랐다. 내리막은 어렵기보다 힘이 드는 구간이었다. 내려간다는 한 가지 목표에 집중하였다.

그런데 고도를 낮추어 가면서 힘이 되살아났다. 어느 정도 고도를 낮추자 피로가 가시는 속도가 눈에 띄게 빨랐다. 그랬다. 고도가 높아지면 상대적으로 피로도 쌓이게 됨을 알겠다.

하산 길에 주변을 살펴보는 것도 행복한 경험이었다. 빙하 계곡을 중심으로 봉우리들이 일렬로 서 있었다. 뭉게구름이 봉우리를 따라 천천히 흘렀다. 빙퇴석이 빙하 주변을 두르고, 봉우리들도 장엄함을 뽐냈다.

지도를 펴보니 베세베이Vésevey, 2096m라고 적혀 있었다. 이렇게 아름다운 길이 있을 줄은 상상을 못 하였다. 고통 뒤의 보상은 값졌다. 길은 외줄기로 뻗어 길을 잃을 염려도 없었다. 내내 걷기만 하면 되었다. 눈과 빙하를 뒤로 하고, 하루의 힘들었던 시간도 이미 추억이 되어버렸다.

바람은 알고 있다 밥 딜런의 노래 'Blowing In The Wind'를 흥얼거렸다. '얼마나 많은 길을 걸어야 사람이 될 수 있을까?' 바람만이 알고 있다고 했다. 하늘과 땅만 보이는 이곳에서 바람이 만든 세상을 보았다. (위)

끝없는 길 왜 그렇게 세상을 살면서 조급했을까? 길을 걷다 보면 모든 길을 사람이 밟고 지나갔음을 깨닫는다. 아무도 걷지 않은 그런 길은 없는데 왜 그랬을까? (아래)

A조와 B조가 빙하수에 발을 담궈 세족을 하고 있었다. 우리도 물속에 발을 담궜다. 멀리서 프랑스 여인들이 우리를 보고 손을 흔들었다. 우리도 손수건을 날리고, 손으로 하트 표시를 하고 제정신이 아닐 정도로 감정을 절제하지 못했다.

산에서는 모두가 친구였다. 산에서는 모두가 쿨하였다. 피로가 풀린 상태에서 터덜터덜 걸어서 빙하산장Chalet du Glacier, 1583m에 도착하였다. 우리 모두 배낭을 멘 채로 생맥주를 마셨다. 사실은 시간이 없어서였으나, 배낭 무게도 잊을 정도로 몰입하였다고 자평하였다.

문석 형이 김광석의 어느 60대 노부부 이야기 노래를 부르셨다. "세월은 흘러 그렇게 여기까지 왔는데, 인생은 그렇게 흘러 황혼에 기우는데 다시 못 올 그 먼 길 어찌 혼자 가려 하오. 여보 왜 한마디 말이 없소~" 하는 구성진 곡조가 석양 길에 잔잔히 스며들었다. 이어 "내 생명 재촉하는 북소리 슬피 울고, 고개 들어보니 해는 서산에 기우는구나. 황천 가는 길에 하룻밤 묵을 집이 없구나!" 면서 성삼문의 "처형장 가는 길"을 처연하고 구슬픈 목소리로 낭독하였다. 알프스의 깊은 산자락에 울려 퍼진 노래와 시조 가락은 우리 모두의 마음을 하나로 만들어 주었다.

그래도 갈 길은 가야 했다. 내리막 두 갈래 길에서 왼편으로 길을 잡았다. 우리는 서녘 하늘을 바라보면서 서두를 것 없다며 느릿느릿 걷고 있었다. 별안간 채문식 캡틴이 되돌아왔다. 더 좋은 길로 가자면서 길을 되돌렸다.

처음에 우리는 길을 잃은 것으로 알았다. 그런데 걷다 보니 정말 더 좋은 길이었다. 길은 적당하게 넓었다. 마주 오는 서양인 할머니들이 길을 걸어왔으나 비켜서지 않아도 되었다. 할머니들의 발걸음이 여유롭다.

고즈넉한 숲길이었다. 길을 가다 보면 왼쪽 계곡 밑으로는 트리앙La trient

강물이 힘있게 흘렀다. 오른쪽으로는 경사면을 타고 소나무와 전나무들이 늘어 서 있었다. 나무들은 바람이 없자 말이 없다. 솔향만이 낮게 깔리고 있었다.

길 위에는 서녘 하늘의 게으른 햇빛이 드리워져 있었다. 그래서 더 여유롭다. 인적도 끊어졌다. 발걸음 소리만 조심스럽게 울렸다. 수로에 지어진 나무물레방아가 물을 이어 주었다. 길은 차분하고 평탄하였다. 숨을 몰아쉴 이유도, 지루하게 다리품을 팔지 않아도 발이 닿는 대로 걷기만 하면 되었다. 풍경도 찬란하거나 답답하지 않고 여백이 있는 소소함이 있었다. 숲 그림자가 깊고, 물소리도 그윽하여 사색할 수 있는 길이었다.

르퓨티 가는 길은 흙길이어서, 숲길이어서 맨발로 걸어도 좋은 여백이 있는 공간이었다. 가슴에 추억을 남길 수 있는 하늘길이었다. 내 마음속에 있던 세상의 걱정마저도 계곡물에 흘려보내는 길이었다. 스위스 사람들의 삶이 차곡차곡 쌓인 세월의 힘이 느껴지는 길이었나.

인생 뭐 있어!

르퓨티 산장Refuge le Peuty, 1328m 음식은 감자와 소시지 그리고 호박을 넣어 만들었다. 접시도 화려하지 않고, 소박하였으나 절제된 우아함이 아름다웠다. 바닥에 그릇을 떨어뜨렸는데도 식기는 깨지지 않았다. 스위스답게 실용적이었다. 미적 감각보다는 그릇 본래 용도에 충실해 보였다.

스위스의 종교개혁가 칼뱅Calvin이 생각났다. 칼뱅의 후예들을 프로테스탄트라고 지칭했다. 칼뱅이 살아났다면 분명 자신의 이상이 구현된 것을 확인했을 것이었다.

거기다 저녁은 최고의 식단이었다. 스위스 스타일의 부대고기 찌개요리였다. 찌개는 햄과 호박, 양파, 감자가 어우러졌는데 한국 입맛과 똑같다. 안남미 밥도 유럽에서 먹은 밥 중에 최고였다.

밥상머리에서 맏언니 이현숙 님께서 우리 각 조의 팀플레이에 대해 한 말씀하신다. C조는 어디서도 질서정연하다. C조는 누가 뭐라 해도 항상 쉴 때도 같이 쉬고 갈 때도 같이 간다. 그런데 이현숙 님은 우리 C조의 치열함과 참을 수 없는 가벼움을 모르신다.

그런데 이현숙 님은 B조가 오합지졸이라고 평하셨다. 조장인 이재숙 님은 조원 안위에는 관심이 없었다. 늘 뒤도 안 돌아보고 자기 길만 갔다. 아니 낭군조에 편입학하였다. 장미숙 님과 이임숙 님도 뚝 떨어져 나 홀로 산행이었다. 그러다 보니 자신은 C조에 붙게 되었다. B조는 간에 붙었다. 쓸개에 붙었다 한다. B조는 쓸개 팀이라고 하여 한바탕 웃었다. 이에 질세라 문석 형님은 "내일의 화두는 와신상담이다~"라고 하여 좌중을 휘어잡았다.

C조는 매일 사색하는 화두를 정하였다. "구도자의 날, 반추의 날" 주필 형님은 "인생 뭐 있어?" 필진 형님은 "거기서 거기야!" 문석 형님은 "현실을 사자성어로 압축하는 달인이었다." C조는 특이하면서도 뭔가 있는 듯하다. 철학자 팀으로 보인다고 했다. 여기에 A조의 알바님(종철 형)은 B조를 사실상 이끌면서 따뜻한 배려를 해주신다고 했다. 이 정도면 젠틀맨이 따로 없었다.

그렇게 르퓨티의 밤은 깊어갔다. 계곡 사이에 자리 잡은 마을은 적막을 더했다. 밤은 쌀쌀함을 넘어 냉랭했다. 하늘은 새파랗고, 달빛은 처연했다. 알프스의 밤은 여전히 내게 호의롭지 않았다. 밤은 모든 것을 삼키고 있었다. 그래도 밤은 깊이 없는 시간의 침묵 속에서 내 마음의 매듭들을 풀어주고 있었다.

몽블랑은 어머니 산

8일 차 | 07.13 Sat (총 누적거리 131.7km)

시작지점	도착지점	고도/m	고도차/m	구간/km	누적/km	시간/분
르퓨티 산장(Le Peuty)	발므 고개(Col de Balme)	2191	863	5	5	140
발므 고개(Col de Balme)	포젯 고개(Col des Posettes)	1997	(194)	2.4	7.4	50
포젯 고개(Posettes)	포젯봉(Aig des Posettes)	2201	204	1.4	8.8	55
포젯봉 (Aig des Posettes)	몽테 고개 갈림길 (Col des Montets)	1450	(751)	3.7	12.5	90
몽테 고개 갈림길 (Col des Montets)	몽록 기차역 (Montroc)	1360	(90)	1.3	13.8	25
몽록 기차역(Montroc)	샤모니(Chamonix)	1036	(324)	버스		

<고도차: 붉은 색은 내리막>

이동: 7시간, 이동거리: 13.8km

- 르퓨티 산장 ··· 오르막 숲길 걷고 목장 ··· 발므 고개
- 발므 고개 ··· 포젯 계곡 ··· 포젯봉 ··· 하산 내리막 ··· 몽테 고개 ··· 몽록

고향냄새

길과 함께 홀로 서 있었다. 태양은 벌써 떠올랐다. 눈을 뜨니 밖이 환하였다. 아침 해와 함께 일어나고 싶었으나 몽블랑의 해는 너무나 부지런하였다. 주인 없는 의자와 나무들만 비추고 있었다.

마을의 아침은 고요하였다. 길의 날들은 참고 견딘 행복으로 연결되어 있었다. 두엄 냄새와 풀 냄새에 섞여 흐르고 있었다. 길모퉁이를 지키고 있는 수탉의 도도함이 아름다웠다.

이제 아르페트 고개의 아름다움은 추억으로 사라지고 있었다. 세상의 기쁨이란 시간과 함께 떠나버리는 기억이지만, 나의 몸과 마음은 내가 걸은 길의 일부로 남을 것이었다.

종철 형도 일찍 일어나셨다. 늘 부지런하셨다. 겉과 속이 같아 보여서 그런지 사진 찍기를 좋아하셨다. 오늘도 무엇인가 찍기 위해 아침을 걷고 계셨다.

"어디 다녀오세요?"

"트리앙Trient 마을 좀 돌면서 이것저것 보고 왔어! 이곳을 사랑할 수밖에 없겠어! 고즈넉하고 아름답고 평화롭다. 집사람과 다시 한번 와야겠어!"

"필형 씨는 뭐해!"

"냄새 맡고 있어요."

"무슨 냄새?"

"어린 시절 고향 냄새요. 고향이 아직도 제게는 의미가 있거든요! 지금도 고향에 가면 아버지의 체취가 남아 있어요. 아버지와 함께 베던 풀냄새가 그렇게 좋을 수가 없어요. 오늘 고향의 냄새와 향수가 내게는 의미가 있어요! 그게 저는 정말 좋거든요."

르퓨티 마을 풍경 살다 보면 마음의 평화는 세상과의 동질성을 느낄 때 오곤 했다. 르퓨티 마을의 정경은 어린 시절 내가 살았던 고향이 떠올랐다. 이윽고 저녁놀도 마을로 흘러들었다. 가슴이 점점 따뜻해졌다. (위)

물레방아의 시간 숲속 길은 TMB답지 않게 고즈넉하였다. TMB는 어디를 둘러봐도 내가 사는 세상과 달랐다. 그런데 이 길은 나무들도, 풀 향내도, 숲 그림자도 나무물레방아의 모습도 낯설지 않았다. (아래)

오랜만에 아침 식사가 화기애애하였다. 모두가 몽골 텐트에 모였다. 어제의 식사가 좋은 추억이었다. 특히 알프스 소녀의 건강함과 밝은 미소가 단연 화제였다.

스위스 부대찌개의 비법을 알프스 소녀에게 물었다. "우리는 그렇게 먹는다."고 말해 다 같이 웃었다. 아침은 소박한 밥상이었다. 바게트에, 꿀, 수프, 모닝커피의 단출한 아침이었으나, 게르를 파고드는 아침 햇살이 삶의 기쁨을 더하게 했다.

채문식 캡틴은 "TMB의 가장 어려운 길을 마쳤다. 어제 우리는 빙하의 역사와 동행했다. 아니 빙하의 숨결을 보았다. 사람들은 일부러 빙하를 보러 온다고 했다. 우리가 그 빙벽 앞에 섰다. 정말 커다란 의미를 갖고 있는 산행이었다. 무엇보다 모두가 무사했다." 하면서 날씨에 감사하였다.

채문식 캡틴 부부는 어머님 기일이 7월 초라 마테호른 일정을 불참하고 TMB 일정을 6월 중순에서 7월 초순으로 바꾸었다고 했다.

이에 하늘도 우릴 어여삐 여겨선지 날씨가 좋았다. 하늘이 있긴 있구나!

덕담이 이어졌다. TMB에서 날씨는 사실상 모든 것이었다.

승관 형이 "어제 걷기가 정말 훌륭했다." 하면서 그렇게 힘들었으나 고개를 넘어서자 고통도, 스트레스도 모든 것이 날아가 버렸다. 아니 잊혔다. 마법이었다. 시간을 참고 견디면 아름다움이 내 곁에 머물렀다고 말을 덧붙였다.

우리가 느꼈던 순간들을 다시 들으니 그 순간이 다시 행복해졌다. 행복했던 순간들을 나눌 수 있는 사람은 분명히 복이 많은 사람이었다.

르퓨티 산장은 특별했다. 그동안 산장을 거쳐만 왔으나, 정답게 이야기를 나눈 것도 처음이었다. 우리는 TMB 걷기에만 초점이 맞추어져 있었다. 이제야 사람들이 보였다.

그런데 르퓨티 산장은 사람과의 만남이 가슴으로 통하면 믿음의 확신을 더해 준다는 진실을 알려주었다. 어느덧 우리 가슴에 맺혀 있던 알 수 없는 불안감과 두려움들이 하나하나 풀려나가고 있음을 보았다.

어느 순간 몽블랑이 내뿜고 있는 울림을 알아가고 있었다. 우리는 행복이 기쁨이 되고, 나눔이 되면서 서로의 경계를 무너뜨려 가고 있었다. 몽블랑이 주는 기쁨 속에서 우리는 서로를 배려하고 있었다.

팁은 깎지 마라

르퓨티 산장을 떠나려 준비하고 있었다. 트리앙 마을 쪽에서 그제 만났던 중남해中南海 중국인이 오늘도 파란 우산을 받쳐 들고 당당하게 걸어오고 있었다.

중국인은 "안녕하세요. 또 뵙네요. 오늘 해가 무척 좋습니다. 걷기도 좋을 것 같습니다."

내가 반갑게 "좋아 보입니다." 하자

호쾌하게 웃으면서 "오늘 제가 30km를 걷습니다. 샤모니가 최종목표입니다. 이제 해가 밝으니 걷습니다. 저는 행복합니다." 하면서 자기 길을 갔다.

말을 트면 모두가 정감 있고, 속에 있는 말을 주체할 수가 없는 모양이었다. 더 높은 행복을 찾아가는 뒷모습이 감동적이었다. 멀어져 가는 중국인을 보면서 채문식 캡틴이 "오늘은 우리도 즐깁시다. 마지막 국경을 넘어갑니다." 국경에 힘을 주었다. 스위스와 프랑스를 경계 짓고 있었다. 오늘은 캡틴의 어록이 "갑시다."로 가장 짧게 마무리되었다.

이를 놓칠세라 필진 형이 나섰다. "인류발전의 원동력에 대해 한마디 하

바람이 지나가는 문 발므 고개는 광활하였다. 그렇게 넓은 평원도 끝이 있었다. 여기에 목책이 평원의 끝을 알려주려고 길게 서 있다. 바람이 지나갔다.

겠습니다. 말을 안 듣는 아들이 했습니다. 역사를 만듭니다." 일순간 침묵이 돌았다.

이재숙 형수가 "무슨 말이야?"

문석 형이 "그런 말이 있습니다. C조는 A조와 다르게 걷는다는 말입니다. 오늘 C조의 화두는 괄목상대라고 답했다.

정석 형이 뒤돌아보면서 "C조 화이팅! C조 살아있네."라고 화답했다.

우리는 또다시 "가자, 가자, 발므!"를 외쳤다. 지나가는 외국인들이 재미있다는 듯이 엄지 척을 하면서 "코리아! go! go! go!" 하면서 우리에게 힘을 주었다. TMB는 이제 축제의 마당이 되어 갔다.

산장을 나서 길머리에 들어서자 주필 형이 "몽블랑은 여우와 매가 최후 포식자다. 야생화는 씨앗으로 겨울을 난다."라고 한마디를 덧붙였다. 우리가 현장에서 확인이 어려운 주제를 끌어냈다. 그러면서도 때로 촌철살인이었다. I'm so happy. 행복은 어느 순간 온다. 이것을 잘 이어가는 것이 우리가 사는 방법이었다."

문석 형이 세상살이란 은퇴를 해보니 "하늘의 뜻은 베풀고, 사랑하고, 걷고, 느끼고, 생각하는 겁니다." 우리 C조는 늘 엉뚱하나 그러면서도 서로에 대한 깊은 애정이 생겨 갔다. 누가 무슨 말을 해도 새겨들었다.

주필 형이 또다시 말을 받았다. 어린 시절 아버지에게 목욕탕서 배운 인생철학이 있었다. 아버지께서는 "내 몸을 다루는 사람들에게 후해라. 의료수가와 팁은 깎지 마라."고 당부하셨다. 형은 지금껏 살아오면서 아버지의 가르침을 실천하고 있었다고 했다.

캡틴이 캡틴답지 않게 숨을 가쁘게 몰아쉬면서 우리를 스쳐 지나가고 있었다. 필진 형이 "글쎄, 내가 보기에는 원숭이도 나무에서 떨어진다는데!" 하면서 웃었다.

얼마 후 캡틴이 되돌아왔다 "스틱을 잊었어!" 주필 형이 "아마와 프로는 다르다. 프로는 원상회복 탄력성이 빠르다. 잊어도 빨리 기억한다."라면서 역시 상황정리의 고수답게 신속히 정리해버렸다. 정말 그런가?

이제 정말 야생화를 밟을 수가 없어!

길은 야생화 밭을 지나 소나무와 전나무가 곧게 자란 오솔길 오르막으로 접어들었다. 나무들이 빽빽하였다. 숲의 촉촉한 청량감이 좋았다. 햇살도 드문드문 스며들고 있었다.

걷기는 산을 만나면 더욱 특별해졌다. 대자연과의 만남 자체가 새롭다. 내 발로 걷고 있었다는 사실이 좋았다. 그러다 보면 산에 대한 느낌이 소중해졌다. 어느 순간 자연과 하나 되어 편해졌다. 자연에 귀 기울이고, 마음을 열고, 자연이 주는 침묵의 소리를 배웠다. 그리고 자연의 힘과 행복을 누리기 시작했다. 침묵을 깨는 거친 숨소리가 들렸다. 뒤돌아보니 벨기에 가족 10여 명이었다. 크로아티아 마부가 앞장서 대열을 이끌고 있었다.

돌연 "어느 아침 계집은 머리에 무거운 동이를 이고, 손에 어린 것의 손을 끌고, 가파른 언덕길을 숨이 차서 올라갔다. 나는 종일 서러웠다."라는 '절망'이라는 시가 생각났다. 그래도 마부와 말을 묶고 있는 끈은 여전히 튼튼하였다. 아이들은 무척 밝았다.

크로아티아 마부와 말을 보면서 우리도 소를 팔고, 미싱을 돌리고, 중동을 달리고, 광부가 되고 군대에 갔다. 주필 형이 "크로아티아 마부도 상처가 많다."라고 했다. 그렇다! 사람은 천지간에 외롭게 혼자 서 있어야 한다. 그리고 내가 가진 것을 갖고 세상에 맞서야 한다. 그리고 봄날은 가듯이 시간을 기다려야 한다.

산을 다니다 보면 유독 눈에 들어오는 풍경이 있었다. 쓰러진 나무다. 아니 죽어있는 나무다. 나는 언제나 이 나무들을 기록하고, 사진을 찍어두었다.

오늘도 계곡 중간쯤에서 죽은 소나무의 그루터기를 만났다. 500년은 됨직하였다. 거목이 넘어져 생명을 다했다. 자연으로 돌아가고 있었다. 그런데 쓰러진 나무는 새로운 생명을 잉태하고 있었다. 서두르지 않고 천천히 다음 생명을 준비하는 나무가 되었다. 또 다른 생명이 자라는 모습이 아름다웠다.

오르막 숲을 벗어나자 또다시 야생화 골짜기다. 숲을 벗어나자 일순 하늘이 열렸다. 산상 초원이 펼쳐졌다. 나무가 사라졌다. 초원은 말 그대로 야생화 천국이었다. 저 멀리 발므 산장의 언덕이 보이기 시작했다. 발므 산장을 넘으면 몽블랑 라인이 시작된다.

그루터기의 장엄함

생명을 다한 나무가 자연으로 돌아가고 있었다. 머리에 새롭게 자라고 있는 또 다른 생명의 면류관을 이고 자신의 마지막 역할을 다하고 있었다.

하늘, 구름, 산 그리고 야생화
우리들의 걷기가 하루하루 더해지면서 우리도 모르게 TMB에 빠져들었다. 천국이 있다면 이런 길목을 지나갈 것만 같았다. 오래도록 머물고 싶었다.

문석 형은 “우수에 젖은 알프스의 하이드 고향을 떠나서 아쉽다.”

필진 형은 “저 야생화는 누구를 위해 꽃을 피우나?”

종철 형은 “이제 정말 야생화를 밟을 수가 없어!”

주필 형은 ”함께 즐기자! 살아보니 나이 들면 드는 대로 시간에 맞는 즐거움이 있다.” 하면서 푸른 하늘을 가리켰다. 이번 여행에서 즐기자! 라는 말이 유독 많았다.

장미숙 형수도 야생화 밭이 나오자 “그냥 즐기는 거야!” 했다. 생각해 보니 알프스를 걷는 많은 사람이 ‘즐겨라’라고 말했다. 불현듯 즐기라는 말이 생소하게 느껴졌다. 내 삶의 사전에서 즐기라는 말은 없었다. 즐기는 것이 무엇일까? 하고 싶은 것을 하면서, 시간과 싸우지 않고 머무는 것일까? 그렇다! 오늘을, 바로 지금에 충실해 살라는 가르침이 아닐까.

젊은 여성이 커다란 배낭을 메고 힘겹게 오르고 있었다. 어디서 출발했냐고 물었더니 “프랑스”, 사실 트리앙이냐? 르뷰티냐?를 물었는데 답이 동문서답이었다. 또다시 장난기에다 진심 어린 표정을 담아 물었다. “You look cool!” 이에 프랑스 여성이 답했다. I’m so hot! 우리는 오랜만에 활짝 웃었다. 필진 형이 외교관 출신답게 “그래도 걸으면 걸을수록 Cool 해진다.” 라고 화답했다. 발므 고개를 오르기 위해 수많은 사람이 올라왔다. 수차례 만난 캐나다 부부가 반갑게 ‘쿡쿡’ 하면서 뻐꾸기 대화를 하자 문석 형이 뻐꾸기 댄스로 화답했다. 쉼터가 웃음바다로 변했다. 문석 형은 시간이 갈수록 열정의 탱크가 되어갔다.

미국인 아버지와 딸이 함께 걷고 있었다. 이번 몽블랑에 와서 아버지가 된다는 것이 어렵다는 것을 몸으로 깨달았다. 서양인들은 유독 아버지와 자녀가 함께 걷는 모습이 많았다. 몽블랑을 통해 마음의 대화를 해가면서 서로의 간격을 좁혀가는 모습이 인상적이었다. 부모와 자녀의 관계가 가족과 사회의 뿌리가 됨을 보았다. 부녀가 도란도란 정겨웠다. 미국인은 공감Sympathy과 유대Link라고 표현했다. 그리고 하나씩 하나씩 one by one이라고 힘주어 말했다.

여기서 머물 수 있을까?

발므 고개Col de Balme, 2191m를 오르기 전 특이한 건물을 보았다. 가장 스위스적인 건물처럼 느껴졌다. 스위스답게 보였다. 원시적이고 투박한 돌집이었다. 무엇일까?

주필 형이 빠르게 답했다. "무엇이긴 전쟁 대비용이지!" 잘은 모르겠으나 무엇인가 대피하고 저장하는 데 쓰는 용도로 보였다. 지도에도 목장Les herbagères이라고 나와 있었으나, 그 옛날 국경의 마지막 초소로 보였다.

발므 고개는 또 다른 아름다움이 충격으로 다가왔다. 한마디로 웅장함, 당당함, 넉넉함이 담겼다. 규모를 말로 표현할 수 없는 데다, 천상의 아름다움을 간직하고 있었다. 사진기를 아무리 눌러대도 감동적인 모습을 담아낼 수 없었다. 이곳은 소박하고, 평화롭고, 풍요로웠다. 이것이 어떻게 스위스와 프랑스의 국경인가 의아했다.

한눈에 몽블랑이 보였다. 몽블랑과 발므를 사이에 두고 샤모니가 웅크리고 앉았다. 하늘은 높을 대로 높아 있었다. 바람은 능선을 가로질러 불고 있었다. 구름은 몽블랑과 양쪽 능선을 따라 흘렀다. 공기는 수정처럼 맑았다.

발므 고개가 하늘과 땅을 둘로 나누었다. 천상의 아름다움이었다. 경이로운 파노라마에 말문이 막혔다. 마터호른과는 또 다른 신비에 사로잡혔다.

발므 목장 우리는 돌 지붕을 군사시설이라고 규정할 정도로 낯설게 보였다. 자료를 찾아보니 목장의 저장시설이었다. 영혼까지 빨아들일 듯한 장엄한 풍경에 문명의 돌무더기는 현실과는 거리가 멀어 보였다.

천국이 있다면 이런 길목을 지나갈 것만 같았다. 오래도록 미물고 싶었다.

어디를 둘러봐도 짙푸른 하늘이었다. 태양은 따스한 미소를 짓고 있었다. 눈 덮인 몽블랑은 뭉게구름을 피우면서 신비에 싸인 자태를 뽐어내고 있고, 바람은 훈훈한 꽃향기로 가득 차 있었다. 내가 상상했던 어떤 것보다 더 아름다운 세상이었다. 그 모든 것이 나를 가득 채웠다. 내 마음은 말로 표현할 수 없는 뿌듯함이 넘쳐났다. 그동안 내 삶의 아쉬움도, 미련도, 아련함도, 연민도, 추억도, 꿈도 지나간 삶에 불과했다고 느껴졌다. 나는 지금껏 맛본 적이 없는 다정한 황홀감을 느끼면서 조용한 기쁨과 새로운 행복감에 마음을 빼앗겼다. 모든 것이 하나의 감동으로 내 몸속에 녹아들었다. 나는 하늘이 활짝 열린 문턱에서, 천상의 공원에서 불멸의 산책을 하고 있었다.

크로아티아 마부와 말이 하늘을 쳐다보고 있었다. 저 말은 지금 무엇을 보고 있을까? 말은 하늘을 향해 크게 울더니 땅에 머리를 대고 무엇인가를 먹고 있었다. 풀과 꽃들을 먹고 있었다. 꽃들은 노랑, 빨강, 하얀색들이었다. 파란색은 없었다. 토마스 하이네Thomas Heine의 '파란 꽃'이 생각났다. 주인공은 꿈속에서 보았던 자신의 혼을 사로잡은 파란 꽃을 찾아 나섰다. 네덜란드, 자바섬, 티베트, 칠레, 멕시코, 아메리카에서도 꽃을 찾지 못하고 갈 곳이 없어 병든 몸으로 고향으로 돌아왔다. 주인공은 마침내 고향에서 파란 꽃을 찾았다.

누구나 자기가 찾는 꽃이 있었다. 발므 고개에서 내 인생의 파란 꽃이 어디 있는가? 자문해 보았다. 그렇다! 파란 꽃은 바로 내 옆에 있는 형들이었다. 파란 꽃은 마음의 눈으로 봐야 찾을 수 있었다고 했다. 그리고 이번 몽블랑 걷기를 통해 쌓인 추억들을 마음의 여백에 적어 놔야겠다. 풀밭에 드러누웠다. 하늘이 끝없이 멀었다. 시간을 잃어버렸다. 발므 고개 주변과 산상의 초원도 잊어버렸다. 더 이상 무엇을 할까? 생각도 없어졌다.

포젯봉Aig. des Posettes, 2201m으로 이어지는 이정표가 보였다. 의식처럼 맥주 한 잔을 마셨다. 하산할 시간이었다. 떨어지지 않는 발을 떼었다. 포젯봉을 향해 발을 옮겼다. 포젯 고개Col des Posettes, 1997m 오르막 능선은 완만하였다.

그런데 발므 고개에 무엇인가 남겨놓고 오는 것만 같았다. 시선이 자꾸만 뒤로 돌아갔다. 문석 형이 "이 또한 지나가리라~"를 외쳤다. 시간이 야속하게 느껴졌다. 여기서 머물러 있을 수 없을까? 이 순간을 어떻게 하면 우리의 가슴 속에 채울 수 있을까? 우리는 터덜터덜 어려움 없이 능선을 탔다.

길은 굽이굽이 내리막 오르막으로 이어졌다. 그래도 길이 순하였다. 흙길이 부드럽다. 여유 있게 걸으니 발걸음도 가볍다. 햇볕은 이제 타오르는 뙤약볕이었다. 그래도 바람이 살랑살랑 불었다.

몽블랑은 어머니 산

포젯봉Aig. des Posettes, 2201m에서도 여전히 발므 고개의 감동을 잊지 못한 채 천상의 점심을 먹었다.

필진 형은 몽블랑 감상을 내놨다. "TMB를 마무리하면서 보니 몽블랑이 어머니 산이었다." 몽블랑은 뾰족뾰족하게 못생긴 수많은 새끼를 거느리고 있었다. 몽블랑의 푸근함과 넉넉함이 몽블랑을 몽블랑으로 만들었다.

우리 천상의 오찬은 중국 젊은이에게 강한 인상을 준 모양이었다. 물 끓여서 라면 육수를 만드는 모습을 신기하게 들여다보았다. 자신은 중국 장수성에서 왔다. 세상을 배우고 싶다고 했다.

아침에는 30km를 걷겠다는 70대 노인, 정오에는 세상을 보고 싶다는 20대 젊은이를 보니 중국의 새 힘을 느꼈다. 내가 30여 년 전에 처음 다녀온 중국은 더이상 아니었다. 나도 세상을 새롭게 배워야겠다.

포젯봉을 넘어서자 포젯 산군Montagne des Posettes이 이어졌다. 몽블랑 정상과 샤모니 시가지가 환상적으로 시선을 사로잡았다. 야생화를 뒤로 한 채 문명과 가까워지고 있었다. 본격적인 내리막이 시작되었다. 산길로 들어서자 서늘해지고 기분도 좋아졌다.

드디어 몽테 고개Col des Montets, 1461m에 도착하였다. 버스가 없어 좌측으로 방향을 잡고 걸었다. 산언저리를 계속 걸었다. 몽록 역이 보였다. 집들이 이어졌고 나무로 만든 사람들 얼굴이 한자리서 햇볕을 받고 있었다. 몽록Montroc, 1354m마을이었다. 몽록 버스 정류장에 도착하였다. 16시 30분 버스를 타고 샤모니로 이동했다.

8일 만에 샤모니로 다시 돌아왔다. 애당초 락블랑 산장Refuge de Lac Blanc,

몽록의 나무조각 얼굴
샤모니 몽록을 지나면서 나무조각상을 만났다. 뭉툭하고 소박하고 못생긴 조각상이었다. 문득 내가 거기 있었음을, 내 모습이었음을 생각하고 나도 모르게 웃음지었다.

2352m에서 숙박할 예정이었으나 락블랑 산장이 폐쇄되어 일정을 변경하였다. 샤모니에서 숙박하고, 브레방에서 몽테 고개Col des Montets, 1461m로 역주행하기로 하였다.

샤모니를 어슬렁거렸다. 숙소도 몽골 텐트였다. 문을 나서다 필진 형이 문 모서리에 머리를 들이받혀 피를 흘렸다. 시간이 갈수록 체력과 집중력이 떨어지다 보니 여기저기 사소한 사건사고가 벌어졌다.

스틱을 놓고 오고, 모자를 벗어놓고, 핸드폰을 잃어버려 소동을 벌였다. 뭔가를 찾고 있는 한 인간은 방황한다는 사실을 확인했다. "아부지~ 살아만 돌아와요!" 막내딸이 정거장에서 던진 마지막 말이 생각났다.

샤모니가 낯설지가 않았다. 저녁 어스름이 길 위에 떨어지고 있었다. 하늘을 올려다봤다. 샤모니의 가로등 사이로 성급한 별 하나가 하늘에서 빛을 발하고 있었다. 몽블랑은 아직도 어스름 사이로 알 수 없는 아름다움을 뿌리면서 세월의 무게를 받아내고 있었다.

관광객들은 나처럼 편안한 슬리퍼를 신고 어슬렁거렸다. 아이들은 자전거를 타고 지나갔다. 시간이 느릿느릿 흘러갔다. 그러나 아르브 강물은 쏜살같이 달려가고 있었다.

몽골 텐트를 뒹굴고 있는 동안 샤모니 광장에서는 프랑스 샤모니 2019 클라이밍 월드컵 Lead 결승이 열렸다. 서채연(16세) 선수가 일본 선수와 우승을 다투었으나 일본 선수가 실격되어 여유 있게 세계 1위에 올랐다.

나도 그 자리에 있었으나 스스로 실황중계 방송이라고 짐작하고 지나쳐 버렸다. 참을 수 없는 존재의 가벼움은 어찌할 수가 없었다. 아쉬움 속에 불꽃놀이 야경 사진만 애꿎게 찍어댔다.

음식은 삶의 방식을 배우는 거다

9일 차 | 07.14 Sun (총 누적거리 149.8km)

시작지점	도착지점	고도/m	고도차/m	구간/km	누적/km	시간/분
브레방 전망대(Le Brevent)	브레방 고개(Col du Brevent)	2368	(158)	1.3	1.3	20
브레방 고개(Col du Brevent)	플랑프라(Plan Praz)	2000	(368)	1.3	2.6	20
플랑프라(Plan Praz)	샤를라농(Charlanon)	1812	(188)	1.5	4.1	50
샤를라농(Charlanon)	프레제르 산장(Refuge la Flégère)	1875	63	2.5	6.6	80
프레제르 산장(Refuge la Flégère)	데트오방 돌탑(Tete Aux Vents)	2132	257	2.5	9.1	65
데트오방 돌탑(Tete Aux Vents)	셰셔리 호수(Lac Cheserys)	2211	79	0.8	9.9	25
셰셔리 호수(Lac Cheserys)	락블랑 호수(Lac Blanc)	2352	141	0.7	10.6	25
락블랑 호수(Lac Blanc)	데트오방 돌탑(Tete Aux Vents)	2132	(220)	1.5	12.1	30
데트오방 돌탑(Tete Aux Vents)	몽테 고개(Col des Montets)	1461	(671)	4.2	16.3	80
몽테 고개(Col des Montets)	몽록 기차역(Montroc)	1360	(101)	1.8	18.1	30

<고도차: 붉은색은 내리막>

이동: 8시간, 이동거리 18.1km

- 샤모니 출발 ··· 브레방 ··· 브레방 계곡 ··· 플랑프라 ··· 샤를라농
- 프레제르 산장 ··· 락블랑 ··· 테트오방 돌탑 ··· 몽테 고개 하산

세잔의 산

아침 일찍 몽골 텐트를 떠나 샤모니 중심가에 있는 라 크로와 블랑슈La Croix Blanche 호텔로 이동하였다. 우리는 몸을 가볍게 할 수 있도록 짐을 맡겼다.

오늘은 락블랑 산장 폐쇄로 일정도 몽록이 아닌 브레방 전망대에서 몽록까지 역방향 걷기로 전략을 바꿨다. 곧바로 브레방 전망대의 케이블카 승강장으로 이동하였다. 플랑프라Plan Plaz, 2000m까지 곤돌라로 이동 후 케이블카로 갈아탔다. 케이블카에서 보이는 몽블랑은 또 다른 모습이었다. 몽블랑은 천의 얼굴을 가진 마법의 산이었다.

브레방Le Brevent, 2026m 전망대에 올라서자 또 다른 몽블랑이 우리를 내려다보고 있었다. 여기서 소쉬르는 "저 아름다운 하얀 산은 뭐지?"라고 의문을 품은 뒤 기어코 몽블랑을 올랐다.

그동안 TMB를 통해 그랑드조라스, 몽돌랑, 첨봉 등 아름답고 힘찬 산들을 헤아릴 수 없이 보았으나, 몽블랑은 단순하고 평범하면서도 볼 때마다 감탄을 자아냈다.

브레방 전망대를 돌아 나오면서 또다시 깜짝 놀랐다. 폴 세잔Paul Cézanne에게 그토록 영감을 불어넣어 주었던 생트 빅투아르산La Montagne Sainte-Victoire을 꼭 빼닮은 산이 보였다.

물론 생트 빅투아르산은 백운석을 함유한 석회암으로 이루어져 있어 햇살 아래서는 빛을 발하였으나, 내가 지금 보고 있는 산은 해가 비추는 데도 빛을 발하지 않고 있었다.

그러나 생트 빅투아르산을 빼닮았다. 석회암이 하늘로 뻗어 오른 납작하

세잔의 산 세잔은 그림을 그리다 힘들면 '생트 빅투아르 산'을 찾았다. 이 산도 '생트 빅투아르 산'처럼 돌로 만들어져 있었다. 세잔이 사과 하나로 파리를 놀라게 했듯이 다시 오면 사과를 갖고 와야겠다.

고 평평한 모습이 똑같았다. 무엇보다 바위만으로 구성되어 있었다.

폴 세잔에게 영감을 주었던 생트 빅투아르산이었다. 한참을 쳐다봤다. 하늘을 향해 우뚝 솟은 산의 모습이 인상적이었다. 세잔이 "길을 잃고 헤매다 돌아오던 곳."이 생트 빅투아르산이었다.

"세월이 빨리 변하고 있었다. 무엇을 제대로 보려고 한다면 서두르는 것이 좋다."면서 세잔이 회상하였던 산이었다. 세잔은 세상을 구와 원기둥, 원뿔로 이루어져 있다고 보았다. 저 이름 모를 산을 보면서 세잔이 그리는 세상의 모습을 상상해 보았다.

아쉽게 내려오는 길에 브레방 호수를 보면서 브레방 고개Col du Brevent, 2368m를 향해 발을 디뎠다. 브레방 전망대를 벗어나자 적막감이 밀려왔다.

몽블랑의 시간 몽블랑이 보송 빙하를 품고 장엄하게 자리를 지키고 있었다. 케이블카도, 행글라이더도 스쳐 지나가는 시간에 불과했다. 몽블랑은 영원을 향하는 시간을 보면서 하루하루를 받아들이고 있었다.

물론 케이블카를 타고 내려가면 항상 문명이 있었다.

그러나 여기는 풀 한 포기 없고, 가벼운 미풍도 없었다. 또 다른 고요함이었다. 귀를 기울여도 들을 수 없었다. 알 수 없는 어떤 경계에 서 있는 듯하였다.

첨봉에는 곳곳에 사람들이 매달려 있었다. 암벽타기가 한창이었다. 하늘에는 오색의 행글라이더가 수를 놓고 있었다. 몽블랑을 배경으로 수시로 케이블카가 걸려있었다. 내리막이 계속 이어졌다.

거리는 시간을 이길 수 없었다. 어느 정도 시간이 지나자 레스토랑 얼티튜 2000Altitude 2000이 플랑프라Plan Plaz, 2000m에 자리 잡고 있었다. 생맥주를 마시면서 주변 경관을 보는 즐거움에 시간이 가는 줄을 몰랐다.

샤모니 교회 샤모니의 작은 교회는 산비탈 밑자락에 있다. 십자가는 푸른 하늘을 향하고 있다. 교회 벽면에는 아직도 햇볕이 비추고 있다. 그리고 나는 세상에 가까이 와 있다.

캡틴의 재촉으로 샤를라농Charlanon, 1812m으로 방향을 잡았다. 샤를라농은 울창한 전나무 계곡과 기암괴석의 길로 통하였다. 산허리로 이어진 길은 한 사람 정도가 지나갈 정도의 가파른 길이었다. 맞은 편에서는 몽블랑이 우리를 내려다보고 있었다.

한참을 걸어가자 프레제르 산장Refuge de la Flégère, 1875m이 커다란 기중기를 머리에 이고 공사에 여념이 없었다. 여기도 산장이 공사로 폐쇄되었다.

여기저기 중국인들만 도시락을 먹고 있었다. 우리는 여기서 점심을 사 먹기로 하였는데 별안간 선두가 사라졌다. 곤돌라만이 사람도 없이 운행되고 있었다.

우리 조는 이곳저곳으로 흩어져 선두를 찾았으나 행적이 묘연했다. TMB

를 시작한 이후 처음 있는 현상이었다. 난감하였다. 태양은 오늘따라 수직으로 떨어지고 있었다.

건너편에는 몽블랑과 아흐장티에 빙하Glacier d'Argentière와 투르 빙하Glacier du tour, 그리고 빙하 바다Mer de Glace가 파노라마처럼 펼쳐 졌다. 산 위쪽으로는 빨간 봉우리 산악지대Massif des aiguilles rouges가 끝없이 이어지고 있었다. 샤모니는 점점 멀어지고 있었다. 등산에서 길을 잃는 것을 알바라고 한다. 우리가 이른바 알바 상태에 이르렀다.

문석 형이 느닷없이 한마디 하신다. "길을 잘못 들었네! 세상에 완전함은 없다. 꽃도 피기 전이 아름답다."

무슨 소리냐고 묻자 "지도자가 길을 잘못 들면 나라가 망한다."는 소리야 하신다. 내가 말을 받아 "날이 덥긴 더운 모양이었다. 무엇인가 잘못되어 가고 있기는 하나, 꽃이 왜 나올까?" 하자

"우리 팀의 실수가 별문제는 아니라는 소리야!" 하면서 다 함께 웃어버렸다.

음식의 추억

그래도 B조의 이현숙 님이 역시 베테랑답게 "저 멀리 우리 팀 여성이 보인다." 하면서 방향을 잡아 가까스로 일행을 찾았다. 그런데 문제는 식량이었다. 우리는 돈밖에 없었다. 비상식량을 전혀 준비하지 못하였다.

모성은 항시 위기에 빛을 발하였다. 여성 네 분 모두 비상식량을 준비하였다. 물론 우리들의 배를 채우기에는 턱없이 부족하였으나, 콩을 나누듯 4명의 비상식량을 12명이 나누어 먹었다.

캡틴은 한구석에 앉아 말이 없었다. 부족한 식량 때문에 어떤 길을 택해야 하는가를 생각지 못하였다. 사실 여기서 락블랑 호수길로 치고 올라가야 했었다.

캡틴이 말이 없어지면서 부족한 점심 식사를 물로 때우고 길을 나섰다. 필진 형이 "이럴 때 막걸리가 있었다면 안주는 무엇이 좋을까? 우리는 '도토리묵', '갑오징어', '홍어회' 하면서 먹는 이야기로 꾸역꾸역 시간을 보냈다.

나이가 들어도 60이 넘어도 한참을 넘긴 사람들이 하는 행태는 어린아이였다. 그래도 우리는 배고픔을 없애는 데는 말하는 것이 지혜로운 대책이라고 평하면서 생각 없이 걸었다.

주필 형이 "모든 음식에는 이야기가 있었다. 아니 뿌리가 있었다." 면서 음식 이야기를 꺼냈다.

문석 형이 "우리는 맛있는 음식을 사랑한다. 최고의 맛은 어디일까?"

이를 받은 필진 형이 "사실 음식은 모든 것의 시작이었다. 외교도 음식에서 시작한다. 음식을 먹으면서 공감을 확보한다. 최고의 맛보다 음식의 정성이 중요하다."

정석 형이 "식사를 통해 서로의 관심사항에 좀 더 가까워진다. 음식은 사람을 이어주고 있었다."

승관 형이 "우리가 그동안 한솥밥을 먹었다. 몽블랑과 함께 음식을 나누었다. 음식도 추억이었다."

사실 TMB를 걸으면서 에비앙 물로 밥을 짓고, 국을 만들고, 식재료가 없는 상태에서도 최고의 맛을 내었다. 요리는 영감으로 만들고, 창의적이어야 하고, 최고의 맛은 배고픔과 낯선 곳에 있음을 새롭게 알았다.

그래도 배고픔은 견디기 어려운 현실이었다. 몽블랑 걷기 9일을 넘어서면서 몸에 있는 모든 것이 나가버린 듯하였다. 시간이 갈수록 몸이 비어 버린 것만 같았다. 배고픔이 너무나 강렬하였다.

그렇다. 행복한 순간을 되살아나게 하는 방법은 결핍이었다. 아침 식탁에서 빵 한 조각만이라도 챙겼으면, 얼티튯 2000 카페에서 점심을 맛있게 먹어야 한다면서 안주도 안 시킨 것이 그렇게 후회가 되었다.

생각해보니 내 인생에서 이렇게 배고파 본 적이 없었다. 어떤 상황도 이보다는 나았다. 그동안 나는 배고픔을 잘 몰랐다. 배고픔을 잘 모르는 사람은 먹는다는 감미로움이 무엇인가를 잘 모른다는 말이 생각났다. 그러나 이 배고픔의 절망적 상황, 아니 교훈이 얼마나 갈까?

내가 믿는 한 가지 인생의 공식이 있었다. "다시 시작해도 결과는 크게 달라지지 않는다." 불행하게도 사람의 습관은 무섭다. 무엇인가를 다시 시작한다 해도 모르긴 몰라도 결과는 언제나 비슷할 것으로 보였다. 시간을 다시 거슬러 올라가도 나는 나일 뿐이었다.

락블랑Lac Blanc, 2352m까지 1시간 10분 이정표가 나왔다. 이정표 뒤로 샤모니 스카우트 대원들이 밝은 모습으로 나타났다. 표정이 모두 맑았다. 우리에게 기념사진을 찍자고 하면서 아이들이 "남이냐? 북이냐?"를 묻는다. 한국은 이제 국제사회에서 뜨거운 이슈였다.

이들과 헤어지자 이번에는 아랍 여성들이 반갑게 인사를 했다. 아랍계가 밝아도 너무 밝았다. 그동안 아랍 여성의 웃음은 차도르 속에 숨겨져 있는 줄로 알았다.

어디서 왔냐고 묻자 '알제' 알제리는 프랑스령이었다. 무엇보다 내게 익숙한 카뮈의 고향이었다. '카뮈' 하자 반갑게 맞아 주었다. 사람의 공감은 서로의 소통 가능한 언어로 연결되어 있음을 알았다.

캡틴의 침묵

15시경 테트오방 돌탑Tete Aux Vents, 2312m에 도착하였다. 여기서 어디를 선택하느냐? 락블랑 호수Lac Blanc, 2351m와 몽테 고개Col de Montes, 2132m의 갈림길이었다. 배가 아직도 고팠다.

그렇다고 락블랑 호수를 건너뛰기에는 자존심이 허락하지 않았다. 원칙은 어떤 상황보다 중요했다고 우리는 믿고 있었다. 무엇보다 락블랑은 날이 좋으면 몽블랑의 하얀 봉우리가 호수 면에 투영된다고 했다.

락블랑 호수 쪽으로 방향을 잡았다. 그런데 문제는 락블랑 호수는 역 방향이었다. 사실상 힘이 고갈되어 갔다. 바위지대로 덮인 너덜지대를 넘고, 오르고, 올라가도 바위투성이었다.

이윽고 락블랑 호수가 눈에 들어왔다. 우리는 너나 할 것 없이 그 자리에 퍼질러 앉았다. 그러나 락블랑 산장은 30분을 더 올라가야 했다. 승관 형과 캡틴 형수가 계속 산장을 향해 오르고 있었다. 됐다. 호수면 됐다. 마음의 정리를 그렇게 하고 주저앉았다. 그런데 호수 주변 어디를 봐도 몽블랑이 안 보였다. 호수에 어떻게 몽블랑이 비출까?

채문식 캡틴은 일정이 무너지면서 말이 없어졌다. 혼자 멀거니 락블랑 인근 호숫가에서 먼 산을 바라보고 있었다. 캡틴의 침묵이 가슴에 닿았다. 침묵도 울림이 있는 답이었다. 말할 때와 침묵할 때를 아는 것도 지도자의 커다란 덕목이었다. 말할 때는 부드럽게 소상히 설명하면서 자신의 말을 대원들에게 확신 있게 전해 주었다.

이번 TMB 일정에서 대원들을 비판하면서도 대원들에게 상처를 주지 않았다. 일 처리도 투쟁하듯이 하지 않고 대화를 유도하고, 시간을 끌지 않

시간은 깊어만 간다

테트오방 돌탑은 그림자를 낮게 드리우고 있다. 이정표는 바람의 길을 알려주는 것처럼 사방으로 펼쳐져 있다. 문득 이정표도 눈으로 보지 않고 마음으로 봐야겠다고 생각했다.

셰셔리 호수 정경 길을 가다 보면 잘 못 드는 경우가 비일비재하다. 그래도 락블랑 호수의 실수는 치명적이었다. 우리는 선두가 내려올 때까지 이 셰셔리 호수를 락블랑 호수로 굳게 믿었다.

고 일을 마무리하였다. 사람을 피곤하게 하지 않고, 대원들의 길을 갈 수 있도록 하면서 친구들 간의 감정들을 풀어나갔다.

억지로 무슨 일을 하지 않았다. 자신을 과시하려 하기보다는 의견을 구하였다. 그러면서도 감정을 솔직하게 표현하는 강점을 지녔다. 락블랑 산장을 다녀온 승관 형과 캡틴 형수가 도착하였다.

호수 한 켠에서 석양을 보던 캡틴이 '갑시다.' 하자 모두 힘을 얻어 하산길에 나섰다. 그런데 락블랑 호수는 사실 락블랑 산장 밑에 있었다고 한다. 우리는 점심을 굶은 데다 "락블랑 산장보다 락블랑 호수다."고 위로하였으나 산장 밑에 락블랑 호수가 있었다. 우리가 본 것은 셰셔리 호수Lac Cheserys, 2211m였다. 그래서 몽블랑의 그림자가 없었음을 알았다.

승관 형이 나중에야 그 사실을 알려주었다. 락블랑은 TMB를 걷는 사람들에게 꿈의 길이었다. 우리도 락블랑 호수는 아직도 실현하지 못한 꿈이 되어버렸다. 사실 락블랑 산장은 보수공사로 폐쇄되어 있었다. 당초 우리가 계획한 대로 락블랑 산장에 묵었다면 락블랑 호수보다도 호수에 비추는 붉게 물든 몽블랑을 볼 수 있었을 텐데 하는 아쉬움이 몰려왔다.

어쨌든 아쉬운 마음을 뒤로 한 채 하산을 시작하였다. 지금 생각해보니 금강산도 식후경이라는 말이 절실히 가슴에 닿았다. 사실 프레제르 허리길은 샤모니 계곡과 건너편의 몽블랑 산군의 파노라마가 장관이었으나 배고픔만이 기억에 남아 있었다.

내 영혼은 평화롭다

테드오방 돌탑에 다시 왔다. 이제 몽테 고개Col de Montes, 1461m로 본격적인 하산이었다. 하산 길은 평화롭다. 그렇게 힘들었던 배고픔도 사라졌다.

여기저기 산양들이 풀을 뜯고 있었다. 뿔이 멋있고 기품이 있어 보였다. 포식자가 없어서 그런지 비교적 온순해 보였다. 사람들 주변으로 다가와 풀을 뜯어 먹기도 하였다. 나도 산자락을 여유롭게 걸었다.

산양 한 마리가 끝까지 바위를 타면서 석양 속을 이리저리 거닐고 있었다. 주필 형이 그 모습을 보고 "알프스는 야생동물을 볼 수 없었다. 기껏 산양이나 마멋이었다. 히말라야는 독수리가 최상위 포식자인데 여기는 여우였다. 생태계에 문제가 있었다."고 한마디 거들었다.

그렇게 보니 히말라야는 야생성이 강한 인상으로 남아 있었다. 이곳 알프스는 무엇인가 문명적이었다. 몽블랑 TMB 어디를 가도 문명이 따라 다녔다.

비탈길이 이어졌다. 문석 형이 어둑어둑해지는 어스름이 깊어가자 불현듯 장모님 이야기를 하셨다. 장모님께서 대퇴부 고관절 골절상을 당하셨다.

그런데 장모께서 "병원 안 갈련다." 3개월째 집에서 투병하고 계셨다. 내가 좋아하는 후배 아버님도 어느 날 "이제 살 만큼 살았다. 나 갈란다." 하면서 곡기를 끊으시고, 2개월 만에 세상을 등지셨다.

우리는 어떻게 갈 것인가? 준비하면 답이 있었다. 그러나 아무도 답은 안 했다. 되돌아보니 죽음이 가까이 있었다. 나는 지난겨울에 시민단체를 결성하면서 물불 안 가리고 일을 했었다.

그러다 어느 날 내게 천식성 기침이 왔다. 기침하다 보면 아주 짧은 순간 정신을 잃을 정도로 아찔했다. 그래도 병원을 찾기보다는 참고 견뎌 이기는 것이 나의 방식이었다. 내 삶에서 아픔에 대한 처방은 참는 것이었다.

이번에도 참 잘 참았다. 밥을 먹다 매운 것을 먹으면 기도가 막혀 순간 혼절하기도 하였다. 그래도 그러려니 했다. 평생 병원 문턱을 넘어본 적이 없어 병원 가기를 정말 꺼려 했다.

그러다 길을 가다 기침을 하면서 넘어졌는데 순간 기억을 잃었다. 그래도 병원보다는 참고 견디는 처방을 스스로 내렸다. 한번은 저녁을 먹다 화장실을 가면서 벽에 부딪혔다. 의식을 차려보니 머리에서 피가 났다. 119 구급차에 실려 병원에 가고 병원에서 응급조치를 취했다.

벽에 부딪혀 넘어지는 순간까지만 기억에 있었다. 그리고 정말 까맣다는 말이 맞다. 아무 기억도, 의식도 없었다. 일어나 보니 무엇인가 시원하다는 느낌이 들었다. 머리를 만지니 선혈이 흐르고 있었다. 죽음 앞에 서 있었던 것이었나? 이게 죽는 것인가 스스로 물었다.

그러고 보니 죽음은 남의 시선에서 자유로울 수 있는 것이었다. 죽음은

벼랑 끝의 산양 TMB에서 가장 많이 만나는 동물이 산양이었다. 산양은 만날 때마다 벼랑 끝과 산자락의 마디와 첨봉의 모서리에서 먼 곳을 쳐다보고 있었다. 산양은 그리움이 많은 짐승처럼 보였다.

스스로 결정할 수 있는 것이 아니었다. 죽음은 이유가 없는 것이었다. 그런데 두 번 죽을 수 있다면 다시 잘 살 수 있을까? 그러나 다시 돌아올 수 없다. 프리다 칼로도 "이 외출이 행복하기를, 그리고 다시 돌아오지 않기를…" 라고 절규하였다.

그런데 알지 못할 후련함이 있었다. 불쾌하지도 않았다. 죽음은 준비하는 것이 아니라 도둑처럼 찾아오는 것임을 깨달았다. 홀연히 떠날 수밖에 없음을 배웠다.

그러다 구급차에 실려 가면서 아이들 생각이 났다. 사람에게 죽음은 중요한 가치를 깨닫는 계기를 만들어 준다고 했다. 삶의 끝자락에서 나는 아이들에게 무엇을 버리고, 무엇을 남겨주어야 할까?

산들바람이 상쾌하게 불어왔다. 꽃들이 잔잔히 흔들렸다. 꽃들의 향기가 바람을 타고 왔다. 풀잎들의 냄새도 은은하였다. 하늘에는 뭉게구름들이 잔잔하게 피어올랐다.

시야도 거칠 것이 없었다. 몽테 고개까지 900m의 가파른 내리막이었다. 지그재그로 이어진 하산 길을 내려갔다. 저녁 그림자가 길게 드리워졌다. 몽록에 도착하였다. 버스를 타고 샤모니로 이동했다.

음식은 삶의 방식 배우기

하산 후 마지막 날 일정을 논의했다. 채문식 캡틴은 말수가 적은 데다 책임감이 강하다 보니 모든 것이 조심스럽다. 지난 일정들이 너무 힘에 겨웠다는 분위기도 있었다. 특히 오늘은 점심도 굶고, 일정을 소화하느라고 모두가 지쳤다.

캡틴은 "당초 일정대로 가면 내일 일정도 틈이 없다. 오늘 보니 다들 힘들어하고 있어 걱정이다." 하면서 내일 일정에 대한 의견을 구했다. 그런데 힘들어하면서도 누구 하나 일정을 변경하자고 하지 않았다.

그동안 TMB가 힘들었으나, 우리가 선택한 TMB 코스의 자부심과 우리가 택한 난이도를 이겨냈다는 뿌듯함이 우리들의 마음을 하나로 모으게 했다.

누군가 "원칙대로 갑시다. 어차피 일정은 예정되어 있으니 우리가 일정에 끼워 맞추면 된다." 지난 일정들이 우리를 하나의 끈으로 엮어 주었다. 음식을 함께 먹으면 가족이라고 했다. 우리 TMB 팀은 어느새 가족이 되어 있었다.

샤모니로 이동하여 현지 음식으로 저녁을 해결하였다. 스위스 사람들이 옆에서 먹던 오리구이와 갈비찜, 퐁뒤를 시켰다. 여기에 와인을 곁들였다. 이제 눈짓으로 시켜도 될 정도로 익숙해져 갔다. 유럽에서 15일 이상을 지냈다.

이에 역시 주필 형이었다. 서양의 익숙함에 대해 한마디 하셨다. "서양인에게 손가락질 말라. 아이를 쓰다듬지 마라, 나이를 묻지 마라." 유럽을 섣부르게 알면 실수할 수 있었다면서 서두르지 말고 기본에 충실해야 함을 강조했다.

이번 마터호른과 몽블랑 트레킹을 통해 스위스, 프랑스, 이탈리아를 거쳤다. 3개국을 비록 짧게 경험하였으나 3개국의 서로 다른 차이가 느껴졌다.

정석 형은 스위스를 보면서 문득 깨달았다고 했다. 스위스가 가진 자연환경이 스위스를 만들었다. 스위스의 척박한 환경이 자립적인 역사를 키워냈고, 인내심 강한 힘을 만들어냈다. 어찌 보면 고집스러운 기질이 최고의 정밀기계들을 만들어내고 있음을 알겠다고 말했다.

종철 형도 와인이 프랑스 고유한 땅의 독특함이 만들어낸 신의 물방울임을 알겠다면서, 프랑스의 톨레랑스는 프랑스 대혁명의 역사와 와인이 만들어낸 문화였다. 반대자를 대하는 인생관도 그냥 놔두게 그도 프랑스야! 하는 공존과 차이의 존중을 느꼈다고 했다.

승관 형은 평온한 길, 화분이 가득 놓인 광장, 평화로운 TMB 길, 보나티 산장의 예의 바른 접대, 역사를 지켜가려는 노력과 자부심 속에 이탈리아가 숨 돌릴 여유를 찾아가는 것 같았다면서 우리가 느낀 이탈리아와 달리 로마제국 후손다운 성숙함을 이야기했다.

이를 외교관 출신인 필진 형이 받았다. 먼저 우리가 한국인이라는 자부심을 가져야 한다. 문화나 말은 몰라도 "I'm gentleman."이라는 품격과 영어가 능숙하지 못해도 상대 눈빛을 보면서 눈높이를 맞추고 나를 드러내는 것이 중요하다고 했다.

당당한 품격이 드러나야 감동을 준다. 물을 때도 절제된 물음과 자세가 중요하다. 매사 자신을 한 단계 끌어올리는 힘이 필요하다고 역설하였다. 평생 몸에 밴 삶의 자세가 역시 힘이 있었다. 언제나 새로운 것에 눈을 떠야 새로운 세상을 볼 수 있었다.

돌이켜보니 필진 형의 말은 호소력이 있었다. 시간이 갈수록 영어가 잘 통하지 않아도 진정성을 담으면 통했다. 커뮤니케이션은 상호존중이었고, 필요였다.

음식은 삶의 방식을 배우는 과정이었다. 음식은 마음의 문을 열어야 솔푸드soul food가 되었다. 무엇보다 르퓨티 산장의 알프스 소녀가 만들어 준 스위스 스튜는 최고였다. 지금도 산장의 인간미가 우리 모두에게 전해져 왔다.

나는 더 무거워졌을까?

10일 차 | 07.15 Mon (총 누적거리 160.2km)

시작지점	도착지점	고도/m	고도차/m	구간/km	누적/km	시간/분
브레방 전망대(Le Brevent)	벨라샤 산장(Ref Bellacht)	2152	(374)	2.4	2.4	55
벨라샤 산장(Ref Bellacht)	예수상(Le Christ Roi)	1196	(956)	7	9.4	115
예수상(Le Christ Roi)	레 우슈역(Les Houches)	980	(216)	1	10.4	20

<고도차: 붉은 색은 내리막>

이동: 3시간, 이동거리: 10.4km

- 브레방 ··· 내리막 ··· 벨라샤 산장 ··· 내리막 숲길 ··· 메를렛 주차장 ··· 예수상 ··· 레 우슈

몽블랑은 시간의 흐름을 보여주었다

어젯밤에도 또다시 새벽 2시에 일어났다. 밤하늘의 별 아니 은하수를 찍으려고, 밖으로 나왔다. 그러나 하늘은 온통 찌푸려 있었다. 간간이 비가 뿌려졌다. 그동안 몽블랑의 밤은 나에게 한치의 허락도 해주지 않았다.

그런데 지나고 보니 참 바보였다. 어떻게 별만 생각했는지 이해가 잘 되지를 않았다. 모든 밤하늘은 각기 다른 모습을 가졌다. 그날 그 밤의 그 모습을 찍으면 되었는데 나는 신기루를 쫓아다니는 바보였음을 이제야 알았다. 밤은 어둠의 비로 바뀌었고, 하늘은 번개가 쳤다.

어쨌든 몽블랑은 내게 시간이 흘러가는 모습을 보여주었다. 내 몸으로 겪었고, 눈으로 느꼈고, 몽블랑과 함께 호흡했다. 하루가 시작되고 끝나는 모습이 아름다웠다. 아침 해와 매일 함께 일어났고, 지는 해와 함께 잠자리에 들었다.

모든 것이 나와 함께하는 시간이 보였다. 시간이 나와 함께 살아서 움직이는 공간을 마주했다. 어느덧 프랑스, 이탈리아, 스위스의 빵 굽는 냄새가 익숙해졌다. 시간이 가고 있음을, 내 안에서 새로운 희망이 자라고 있음을 느꼈다.

아침 일찍 호텔 문을 나섰다. 길은 밤사이 온 비로 축축해져 있었다. 에귀뒤미디는 더욱 하얗게 변했다. 오전 일정은 몽블랑 베이스 캠프로 산악열차인 몽블랑 트램웨이Tramway du Mont Blanc를 타고 갔다.

트램은 톱니로 된 레일로 움직였다. 르파예Le Fayet에서 니데글Nid d'Agile, 2372m역까지 운행했다. 차장이 검표를 마치고, 호루라기를 불자 이윽고 출발했다. 하늘은 아직 찌푸려 있었다.

몽블랑 산악열차 산악열차는 차장이 검표하고, 호루라기를 불어야 출발했다. 아직도 기차의 낭만이 있었다. 몽블랑 정상을 밟은 영국 젊은이들을 만났다. 그들의 건강한 모습이 맑았다.

구름이 덮인 마을과 전나무와 낙엽송 숲을 지나서 몽블랑 베이스캠프의 길목인 니데글 산장Refuge de Nid d'Agile, 2412m에 도착하였다. 산장 주변은 정말 추웠다. 여기에 주필 형과 나는 또 산행 준비를 못하고 왔다. "자연은 무지를 용서치 않는다."는 말은 진실이었다. 혹독한 추위가 현실로 다가오자 속수무책이었다.

어쩔 수 없이 또다시 B조의 여성분들에게 신세를 질 수밖에 없었다. 베이스캠프는 지금의 옷차림으로는 무리였다. 산장 주변의 비오나세Bionnassay 빙하체험으로 대체하였다. 주필 형은 여성 대원들의 도움으로 이리저리 장비를 차려입었으나, 도중에 산장으로 철수하였다.

나는 그래도 버틸 때까지 버티기로 하고, 빙하의 혓바닥까지 걸어갔다. 빙하를 보기만 했지 만져보기는 처음이었다. 빙퇴석이 깔린 빙하는 음울하

빙하 알프스는 삶의 터전이 빙하였다. 빙하는 알프스의 시작과 끝이었고, 알프스를 알프스답게 만들었다. 론 강의 근원도 빙하에서 시작되었다. 빙하주변은 척박하나 나무보다, 풀보다 강한 꽃이 자란다.

였으나 인상적이었다. 빙하의 측면인 빙퇴석을 따라 걸어보았다. 아무런 감흥도 없었다. 나는 몹시 춥다는 생각뿐이었다.

사실 우리에게 '빙하는 단순한 빙하'일 뿐이었다. 그러나 알프스 사람들은 빙하의 풍경에 귀 기울이고, 사랑할 줄 알았다. 빙하에는 알프스를 만들어 온 역사와 흔적이 새겨져 있었다. 빙하가 만들어 온 알프스의 터전을 보면서 장엄함과 숭고함을 느끼고 있었다.

채문식 캡틴이 "어디에 크레바스가 있을지 모른다. 빙하는 중력의 힘으로 낮은 곳으로 이동하여 계속 움직이기 때문에 도처에 위험이 도사리고 있다. 빙하가 이동하여 쌓인 빙퇴석도 위험하다."라고 알려 주었다.

빙하 주변은 척박하였다. 무엇도 살 수가 없을 정도로 추웠다. 그런데 얼마간 거리를 두고 꽃이 피어있었다. 식물의 위대한 생명력은 빛을 발하고 있었다. 빙하는 오래된 현실이었고, 오랜 역사를 견딘 힘이 있었다. 그렇다. 자연의 힘은 위대했다. 하늘은 여전히 을씨년스럽게 찌푸려 있었다.

오후 일정을 위해 다시 열차를 탔다. 열차 차장은 Brigade 마크가 달린 옷을 입고 있었다. 산악 안내인은 전문가처럼 보였다. 건장한 60대 2명이 두꺼운 옷과 장비를 걸치고 있는 것이 인상적이었다. 직업에 대한 자부심과 몽블랑에 있다는 힘을 느낄 수 있었다.

이들과 함께 스코틀랜드인 6명이 탔다. 여성도 2명이 있었다. 1박 2일 동안 몽블랑 정상을 등반하고 하산하였다. 우리와는 다르게 말도 별로 없었다.

다만 얼굴은 아직도 상기된 채로 몽블랑의 감동을 되새기고 있었다. 자기 일을 해냈다는 당당함이 흘렀다. 그들은 젊은 데도 산악인다운 자존감과 겸손함이 함께 흘렀다. 가벼움이 아닌 묵직한 힘이 느껴졌다. 알 수 없는 감동이 밀려왔다.

열차에서 내리니 벨뷔Bellevue 이정표가 나타났다. 열흘 전 우리처럼 TMB를 출발하는 사람들이 있었다. 그들은 어딘가 어설퍼 보였고, 들떠있었다. 열흘의 차이가 또 다른 차이를 만들었나 자문하였다. 케이블카를 타고 레우슈로 다시 내려와서 샤모니로 돌아왔다.

샤모니에서 가장 유명한 햄버거집을 찾았다. 포코 로코Poco Loco 햄버거집이었다. 우리가 먹는 미국식 햄버거와 달리 빵이 큼직한 데다 바삭바삭하였다.

빵이 크다 보니 야채가 잘 떨어지지 않아 편했다. 무엇보다 빵 맛이 단연 일품이었다. 다시 샤모니에 간다면 반드시 들러야겠다는 생각을 했다.

행복은 자신과 맞는 꿈을 꾸는 것이다

점심 식사 후 14시 30분경 케이블카를 타고 '브레방'Le Brevent, 2526m 전망대를 올랐다. 어제와 다르게 몽블랑이 구름에 잠겨 있었다. 브레방을 지나 너덜지대를 걷고 나니 내리막이었다. 몽블랑을 마주 보고 걸을 수 있었다.

지난 10여 일 몽블랑이 모든 것이었다. 모든 열정을 기울여 몽블랑만을 유심히 바라보았다. 몽블랑을 보면 볼수록 만년설 밑에 감추어 둔 진실이 무엇일까 궁금해졌다. 다만 몽블랑이 가르쳐 준 진실은 몽블랑을 보면 볼수록 작아지는 내 모습을 볼 수 있었다는 것이었다.

몽블랑 스케치와 사진을 보면서 단순한 아름다움을 볼 수 있었다. 몽블랑은 하나의 세계였다. 불현듯 파리의 길거리 화가에게 그리게 한 나의 얼굴 스케치가 생각났다.

내 모습을 잘 알고 있다고 생각했었다. 두 번의 내 얼굴 스케치를 파리의 길거리 화가와 막내딸에게 주문했다. 첫 번째는 가벼운 미소가 스쳐 지나갔고, 두 번째 스케치는 덤덤한 중년의 얼굴이었다.

스케치를 수없이 바라보았다. 나의 잔상이 스쳐 지나갔으나 내가 바라던 얼굴 모습은 아니었다. 내가 원했던 얼굴이 아니었다. 사실 내가 원하는 얼굴은 큰 바위의 얼굴이었던 것 같았다.

나는 개울가에 굴러다니는 자갈이었는데 꿈은 늘 컸다. 몽블랑을 다시 바라보면서 행복이란 자신에 맞는 꿈을 꾸고, 그렇게 살아가는 것임을 새삼 느꼈다. 사람들의 칭찬과 비난에도 쉽게 휩쓸리지 않고, 우직하고 겸손하게 나의 자리를 지켜야겠다. 그렇다. 내 얼굴은 되어야 할 얼굴이 아니라, 지금 그대로, 가벼우면 가벼운 대로 내 모습이면 되었다.

산양의 아쉬움 산양 한 마리가 또다시 벼랑에 서서 뒤를 돌아보고 있었다. 저편 산으로 건너뛰기에는 너무 멀다고 느끼는 것만 같아 보였다. 산양의 눈빛 속에 장엄하게 저물어가는 정경이 어른거렸다.

오늘도 산양이 나타나 우리를 계속 따라왔다. 우리를 쳐다보는 모습이 덤덤해 보였다. 그러면서도 오래도록 고갯마루를 지키다 내려갔다. 산양이 모습을 감추자 알 수 없는 아쉬움과 애처로움이 밀려왔다.

1시간 정도를 내려가니 벨라샤 산장Ref Bellachat, 2152m이 좌측에 자리 잡고 있었다. 원래 계획은 벨라샤 고개를 넘어 우슈봉Aig. des Houches, 2285m까지 가려 했으나 오전 일정으로 시간이 촉박하여 제주도 오름 분위기를 느끼게 해 준다는 우슈봉을 가지 못한 것이 좀 아쉽다. 몽블랑과 넓은 평원이 한눈에 들어올 정도로 풍광이 좋은 곳인데…

그곳부터 계속 내리막을 걸었다. 전나무숲을 지나 메를렛 동물공원Merlet, 1370m 주차장을 넘어 도로와 숲을 거쳐 예수그리스도 상Le Christ Roi, 1196m에 도착하였다. 예수상을 지나 내리막길을 계속 걸었다. 사실상 TMB라기

예수상 산비탈 자락에 자리 잡았다. TMB를 마무리한 사람들에게 위안을 주는 이정표처럼 보였다. '내 진정 이제야 다 걸었구나!'를 되뇌었다. 그리고 새로운 시간이 다가오고 있었다.

보다는 TMB를 마무리하기 위한 형식적 절차의 길처럼 보였다. 오히려 예수상에서 바로 내려와도 무방해 보이는 길이었다.

우리는 민가를 만나고 숲길을 지나자, 하늘이 활짝 열렸다. 아스팔트 열기가 후끈했다. 남은 힘도 다 빠져나갔다. 그러다 사건이 벌어졌다. 기차 시간이 임박하였다. 먼저 도착한 A조에서 뛰어야 탈 수 있다고 외쳤다. 순간 "어떻게 하지?"스스로 물었다. 누군가 "뛰어야지!" 우리는 너나 할 것 없이 뛰기 시작했다. 그 순간 주위를 돌아보지 않았다. 정말 열심히 뛰었다. 지금 생각해보니 어디서 그런 힘이 솟았는가를 모르겠다. 이현숙 님도 힘을 다해 뛰었다. 가까스로 열차에 올라탔다. 그래 모든 것은 지나기 마련이었다. 어떤 시간과 상황도 견뎌내고 극복하는 것이 인생이었다.

이를 놓치지 않고 주필 형이 화를 냈다. "이게 남자들이 할 짓이냐?" 아무리 그래도 그렇지 여성분들을 뛰게 할 수는 없다면서 "정말 생각이 없는 자들이다."라고 불을 토해 내자 모두 할 말을 잃었다.

역시 문석 형이 답이었다. "다 같이 뛰라고 하니까 뛰었지! 단체생활이 그렇지 뭐!" 잠시 어색한 공기가 흘렀다. 정석 형도 "뛸 땐 뛰고 인정사정없이 가야 하는 것이 인생이지 뭐"

역시 완벽한 사람은 없었다. 어떤 상황이 닥치면 사람은 상황에 맞추어 움직일 뿐이었다. 사람은 불완전한 존재였다. 돌이켜보니 사람은 자신의 부족함을 깨달은 자와 깨닫지 못한 자가 있었다. 그 인간의 양면성을 이제야 알겠다.

이현숙 님께서 "아무리 달리려 해도 내 맘 같지 않았다. 숨이 끊어지기 직전에 열차에 올랐네." 하였다. 그래도 이현숙 님께서 환하게 웃으셨다. 샤모니로 돌아가는 기차가 달리고 있었다.

옆으로 예수상이 다시 보였다. 순간 예수의 염원은 이루어졌다는 생각이 들었다. 예수님상은 산행하는 사람들의 안전을 위해 세워졌다고 했다.

샤모니에 다시 돌아왔다. 우리가 길을 다 걸으면 우리가 출발한 곳으로 되돌아오게 되어 있었다.

"다시 돌아오면 몽블랑의 의미를 제대로 알 수 있을까?", "몽블랑은 우리에게 무엇일까?"를 자문하곤 했었다. 돌아보니 여기가 바로 시작한 땅이었다. 어쨌든 우리는 괜찮았다.

다시 올 수 있을까?

우리는 곧바로 카페에 들러 우선 목을 축였다.

문석 형이 나섰다. “우리는 매일 저녁 더 나은 걷기를 위해 목표를 점검하고 평가하면서 부족한 걷기를 보완했다. 우리는 보다 높은 목표를 세웠고, 집중하였다. TMB에 대한 총체적 점검을 하겠다.” 하면서 종주소감을 물었다.

먼저 이현숙 님은 “이번 여행은 내 인생에 다시는 없을 것 같은 벅차고 아름답고 환상적인 여행이었다. 한번 왔다 가는 인생인데 여기저기 구경 다니다 마지막 눈 감는 날 구경 한 번 잘했다고 할 수 있게 되었다.”고 다른 어디에서도 찾을 수 없는 몽블랑에 감사했다.

이임숙 님은 완주에 의미를 부여하면서 “팀플레이가 좋았다. 삶이 또다시 이렇게 흘러가고 있었다.” 하면서 삶의 희망을 이야기했다.

캡틴 형수는 “친구들 보기가 좋았다. 남편이 멋지기보다 노력하고 헌신하는 모습이 보기 좋았다.” 친구들과 오래도록 다녔으면 좋겠다며 덕담을 하였다.

장미숙 님은 “이번 산행은 행운이었다. 다시 돌아왔다. 우리들의 여행이 끝났다.” 하면서 또다시 이런 여행을 할 수 있을까?를 물었다.

필진 형은 “몽블랑은 생각하게 하는 산이었다. 그리고 어머니의 산이었다. 몽블랑은 내가 가야 할 길을 보여주었다.”라며 숙연하게 감동을 나누었다.

종철 형은 “걷고, 마시고, 쉬고, 느끼고, 듣고 하는 오감만족여행이었다. 집사람과 함께 다시 오고 싶다.” 하면서 TMB를 통해 만난 모든 것들이 소중하였음을 고백했다.

정석 형도 “한 바퀴 돌고 나니 내 몸에 TMB를 새겨놓은 것만 같았다.” 하면서 또다시 이런 기적을 함께 할 수 있기를 소망하였다.

승관 형은 “배낭의 무게를 온몸으로 받아냈다. 힘겨웠으나 견디다 보니 완주했다. 노부부들 걷는 모습이 참 좋았다. 친구들과 호흡하면서 친구들의 새로운 모습을 보았다. 아침에 신발을 신고, 걷고 나면 모든 문제가 해결

지상의 양식 저녁을 바라볼 때는 마치 하루가 거기서 죽어가듯이 바라보라. 그리고 아침을 바라볼 때는 마치 만물이 거기서 태어나듯이 바라보라. 현자란 모든 것에 경탄하는 자이다. - 앙드레 지드

되었다."라고 의미부여를 했다.

주필 형은 "인생 뭐 있어!"였다. 그런데 몽블랑이 무엇인가 있었다. 내 인생에 몽블랑을 새겼다. 걸으면서 비우는 법과 떠나는 법을 배운 몽블랑였다고 했다.

채문식 캡틴은 "TMB를 1년 전부터 준비했다. 10명 이상의 동행들과의 산행은 부담이었다. 락블랑을 못 간 것이 못내 아쉽다. 160km 계획을 마무리했다. TMB는 나의 모험이었다." 하면서 마지막까지 겸손한 리더의 모습을 보여 주었다.

무엇보다 우리는 스스로를 존중했다. 삶을 견딘 힘으로 배낭의 무게를 견뎌내었고, 매일 매일 어디로, 어떻게, 언제까지 도착해야 하는가를 분명히 알고 있었다. 목표와 방향이 분명했다.

우리 스스로 위로받을 만했다. 자신을 존중하면서도 깊은 신뢰와 유대를 나누었다. 서로의 길을 축복하고, 감사했다. 자연은 신비한 힘을 간직하고 있음을 깨달았다.

자연 속에서 느끼고, 체험하고, 바라보아야 새로운 시각을 가질 수 있음도 배웠다. 그곳에 많은 의미가 담겼고, 우리에게 알 수 없는 힘으로 차곡차곡 쌓여 갔음을 느꼈다.

무엇보다 지난 6개월 동안 나를 그렇게 괴롭혔던 천식성 기침이 사라졌다. 몽블랑은 내 몸을 바꾸어 주었다. 그것이 나를 새롭게 했다.

"서두르지 말자~"가 이번 몽블랑 걷기에서 나의 목표였다. 서두르면 보지 못함을, 듣지 못함을, 느끼지 못함을 알고 있으면서도 매일 똑같은 실수를 반복했다. 걷다 보면 서두르고, 서두르다 보면 시선이 냉담해졌다.

그러다 보니 카메라만 애꿎게 눌러댔다. 사진을 꼼꼼히 보니 서두르지 않고 찍은 사진이 없었다. 한마디로 시선이 없었다. 시선이 없으면 사진도 영혼이 없다는 것을 깨달았다. 여전히 실수는 학습되어도 반복한다. 그래도 내 문제들이 무엇인가에 대한 본질이 보였다.

주필 형이 "요리는 창조다."고 강조했으나, 사실 여행이 창조였다. 여행은 자신의 혼으로 하는 것이었다. 만나는 장소와 사람과 풍경과 영혼의 교감을 하는 것이었다.

TMB를 통해 '론강'의 원천을 깊이 보았다. 빙하의 작은 물방울들이 길을 내고, 흘러 끝내 바다로 향하는 물길을 보았다. 나는 몽블랑의 포도주와 바람, 태양, 꽃들의 진정한 의미와 소중함을 보았다.

사람들은 깊은 고통의 터널을 지나면 삶의 기쁨을 되찾고, 고통을 통해 무엇이 가치 있는 일인가를 찾게 된다고 했다. 이번 걷기를 통해 내가 힘들면 형들도 힘들다는 단순한 진실이 우리를 하나로 묶어 주었다. 그렇게 몽블랑은 우리 삶 속에 들어왔다.

몽블랑 걷기는 우리 삶에 또 다른 체험이었다. 우리 모두 "몽블랑 여기서도 우리의 삶이 지나가고 있다."라는 감동을 나누어 가졌다. 우리를 일으켜 세우고, 우리의 영혼이 살아있음을 새롭게 알려 주었다.

몽블랑 걷기는 무엇보다도 시작과 끝이 명확해서 좋았다. 걸으면서 부딪히는 작은 사건들과 이야기들 속에서 내가 주인공이 되는 순간들이 무엇보다 가슴에 남았다. 돌아오면서 마터호른과 몽블랑을 수없이 되뇌었다.

그러다 보들레르를 읽었다. '여행'의 마지막 줄이 가슴에 닿았다.

"이 불꽃이 이토록 우리의 뇌수를 채우니,

지옥이건 천국이건 무슨 상관이냐?

저 심연의 밑바닥에,

저 미지의 밑바닥에 잠기고 싶다.

새로운 것을 찾아서!"

무엇보다 아쉽고, 놓친 것이 많았다. 그래서 다시 와야겠다고 생각했다. 그러다 불현듯 떠올랐다. 마터호른과 몽블랑에 다시 가지 말아야겠다. 지금 그대로의 모습을 간직하고, 돌아볼 수 있도록 해야겠다. 마터호른과 몽블랑을 스쳐 지나갔으나, 아쉬움과 그리움을 마음속 깊이 새겨두고, 아주 오래도록 그렇게 서 있어야겠다.

어느 날 창문을 열고 별이 빛나는 푸른 하늘을 바라보면서 내가 걸었던 길을, 나를 일깨웠던 산과 들을, 잠들지 못했던 밤을, 그렇게 경계를 넘었던 날들을 내 가슴 속에 남겨두고 싶었다.

그런데 나는 더 무거워졌을까?

또 다른 몽블랑

몽블랑을 다시 만났다. 몽블랑은 한낮의 찬란한 빛을 넘어 밤의 경계에 서 있었다. 어둠도 몽블랑을 감추지 못하고 있었다. 밤하늘 저쪽에서 마른번개가 쳤다. 그렇다 집으로 돌아갈 시간이었다.

03

MATTERHORN & TOUR DU MONT BLANC

마터호른과 투르 드 몽블랑 준비

우리 함께 걷는 그 길

글쓴이
마터호른 캡틴 **최승관**
TMB 캡틴 **채문식**

마터호른과 몽블랑 트레킹은 우리를 새롭게 돌아보는 계기가 되었다.
잃어버렸던 삶의 온기를 찾는 것도 우리 모두로부터 시작됨을 알았다.
일상 속에 우리 삶이 있었고, 그 삶의 중심도 우리였음을 깨달았다

마터호른MATTERHORN

글쓴이: 마터호른 캡틴 최승관

마터호른 트레킹 준비

우리는 고교 동창생이다. 만 나이로 65~66세다. 2017년 8월에 미국 존뮤어 트레킹을 함께 했다. 존뮤어의 원시적 아름다움과 추억 때문에 2018년 9월 5일 다시 모였다. 우리는 누구나 할 것 없이 무엇인가를 해야 한다고 입을 모았다. 누군가 알프스를 가자고 제안하였다. 그럼 더 늦기 전에 몽블랑 트레킹TMB: Tour du Monblanc을 가자고 결정하였다. 여기에 내가 마터호른을 제안하여 마터호른 준비를 맡았다.

처음에는 인천에서 직항노선이 있는 취리히 in&out을 하고, 취리히에서 체르마트까지는 열차 이용계획이었으나, 비용면에서 유리한 네덜란드 항공KLM을 선택했다. 체르마트에서 샤모니까지는 열차를 이용했다.

몇 해 전 체르마트를 비롯해 스위스를 다녀온 아내의 스위스 여행책자와 채문식 캡틴 부부가 남긴 블로그를 참고하면서 체르마트에 3박 4일간 머무

르되 가능한 대표적인 트레킹 코스 3개를 골랐다.

마터호른의 대표적인 3대 전망대인 고르너그라트 전망대, 글라시에 전망대, 수네가 전망대 코스를 선정했다. 숙소결정은 호텔스닷컴www.hotels.com을 이용했다. 7명이라 2인실 2개와 3인실 1개를 이용하기로 하고 호텔 조식과 화장실 이용이 편한 것을 기준으로 비용을 비교해서 6개월 전인 1월 초에 조기 예약했다. 체르마트역에서 도보로 5분 정도 거리1Km였다.

교통편은 스위스 국철 사이트www.sbb.ch에서 제네바-체르마트 구간과 체르마트-샤모니 구간열차 예매를 하려다, 마터호른 트레킹시 케이블카나 곤돌라 비용이 50% 할인되는 스위스 트래블 패스 4일권을 구매하였다.

체르마트-샤모니 구간에서 스위스 패스가 적용되지 않는 프랑스 구간은 프랑스 구간Le Chatelard → Chamonix Mont Blanct의 철도 요금을 별도로 지불하고 7명 단체로 예매했다

www.zermatt.ch, www.gornergratbahn.ch, www.matterhornparadise.ch, www.sbb.ch 등의 여러 인터넷 사이트를 검색하며 산악열차의 시간표와 가격 정보와 인터넷 및 블로그 정보를 참고했다. 첫날은, 유럽인들의 버킷리스트인 고르너그라트 전망대3089m와 리펠제 트레킹(거리 3.5km에 2시간 정도 소요)을 결정했다. 둘째 날은 마터호른 트레킹의 하이라이트로, 유럽에서 가장 높은 곳에 있는 케이블카역인 마터호른 글라시에 전망대3883m를 결정했다. 슈바르제 전망대2583m → 훼른니 산장Hörnlihütte, 3260m(마터호른 정상 등반가 베이스캠프)을 왕복 5시간7km, 고도차 677m 걷는 것으로 잡았다. 슈바르제Schwarzsee 전망대에서 점심 식사 후 퓨리Furi까지 트레킹을 계획했다.

셋째 날은 후니쿨라Funicular로 수네가 전망대Sunnegga, 2283m를 거쳐 블라우헤르트Blauherd에서 곤돌라로 로트호른Rothorn, 3103m에서 내려 오버로트

호른3415m, 4.5km, 고도차 312m을 2시간 왕복 이후 수네가 트레킹(5개 호수 중 슈텔리제 2537m, 라이제 호수)을 계획했다.

TMB 본대와 합류해 에귀뒤미디Aiguille du midi 전망대에 오르기 위해 체르마트에서 오전 8시 13분에 승차, 12시 17분에 샤모니 도착하도록 계획했다.

그리고 동행하는 일행의 관심과 참여도를 높이기 위해 회계담당, 산악열차와 케이블카 등 승차권 티케팅 담당, 기록담당, 트레킹 리더, 식사 메뉴 담당 등으로 역할 분담을 했다.

투르 드 몽블랑TMB

글쓴이: TMB 캡틴 채문식

TMB 실제 트레킹 내역

사전준비한 것과 상황에 맞추어 약간 조정하여 10일 동안 우리가 걸은 내역이다. 기록분석은 구글어스와 맵소스를 활용하였으며 TMB 구간을 걸은 거리는 총 160km이다.

사용한 스마트폰 GPS앱은 Locus Map이며 총 소요시간(휴식시간 포함)은 각자 트레킹 기획할 때 참조만 하기 바란다. 우리는 678(6시에 일어나 7시에 식사하고 8시에 출발) 원칙을 지키면서 오후 5시 이전 산행종료를 목표로 하였다. 제네바 공항에서 출발한 셔틀버스는 모두 레 우슈를 거쳐 샤모니를 가기 때문에 샤모니가 아닌 레 우슈에서 숙박해도 좋다. 걸어갈 정도 거리의 숙박지를 정하면 시간을 많이 단축할 수 있다.

우리 경우에는 에귀뒤미디 전망대를 첫날 가려고 했기 때문에 샤모니에서 숙박했다. 트레킹에 불필요한 장비들은 숙박지에 맡기면 대부분 무료로 보관할 수 있다. 물론 귀중품이 있으면 안 된다. 마지막 날은 브레방에서 내려가기만 하는 본래의 TMB 구간에 제주도 느낌을 준다는 우슈봉을 끼워 넘어 다양하게 기획해 보았다. KOMOOT 앱을 이용하면 가보지 못한 지역의 트레일도 손쉽게 하루 일정 등을 고려하여 설계할 수 있어 큰 도움이 되었다. 그러나 실제로는 기획한 대로 못하고 정규구간을 걸었다. 우리가 걸은 구글맵을 통해 TMB 산행구간을 구현해 보았다.

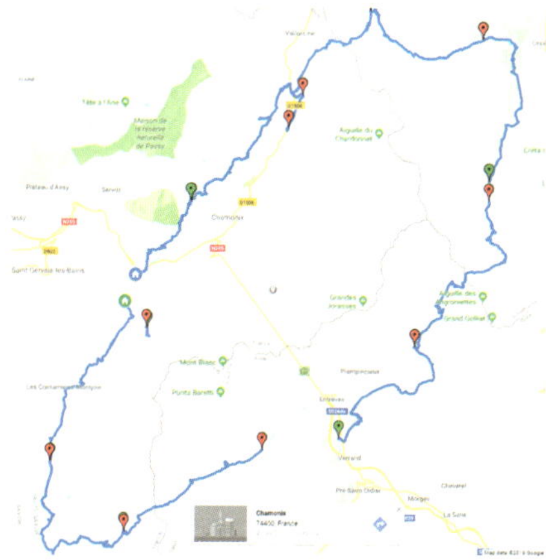

https://drive.google.com/open?id=1jG1QYucO96Rf_W1Atrvpso3V7CgpL9vV&usp=sharing

주황색으로 표시된 장소가 실제 숙박한 산장 혹은 호텔

1일 차 | 레 우슈-벨뷔 역-트리코 고개-레콩타민-노트르담 성당-낭보랑 산장

17km 9h ↗920 ↘1220

쉬운 구간이지만 트레킹 첫날이고 대부분 전날 도착하여 샤모니에서 하루를 보내기 때문에 아침에 서둘러야 한다. 여름에는 샤모니 센트럴역에서 7시 51분 레 우슈로 떠나는 01번 버스를 타야 한다. 놓치면 30분 간격마다 있다. 20분 걸린다. 참고로 겨울에는 1시간 간격이다. 벨뷔역은 7시 30분부터 20분 간격으로 운행하며 사람이 차면 계속 운행한다. 시간이 지날수록 혼잡하므로 가급적 케이블카를 일찍 탈 것을 권한다.

벨뷔역에 내리면 몽블랑 베이스캠프로 가는 에귀뒤 구테3883m 봉이 펼쳐지며 비오나세 빙하 옆의 길을 따라 일명 히말라야 다리로 불리는 구름다리를 지나 트리코 고개로 이어진다. 이날의 가장 힘든 구간이다. 많은 트레커들이 고개에서 쉬면서 멋진 풍광을 감상한다. 우리는 고개 아래에 있는 미아지 산장에서 생맥주와 함께 점심식사를 하였다. 산장은 물론 주변 경관이 매우 뛰어난 곳이었다. 트뤽 산장을 지나 레콩타민 마을에 이르면 길은 둘레길 수준의 큰 평지를 따라 노트르담 성당으로 이어진다. 여기서 1시간 거리 숙박지인 낭보랑 산장은 조그마한 개인산장이라 예약하지 못하면 레콩타민에서 숙박해야 한다.

시작지점	도착지점	고도	고도차	구간 거리	누적 거리	구간 시간(분)	누계
레 우슈(Les Houches)	벨뷔(Bellevue)	1801		케이블카	0	30	
벨뷔(Bellevue)	구름다리(Suspension bridge)	1720	(81)	1.8	1.8	25	
구름다리(Suspension bridge)	트리코 고개(Col de Tricot)	2120	400	2	3.8	95	
트리코 고개(Col de Tricot)	미아지 산장(Ref de Miage)	1559	(561)	1.9	5.7	45	
미아지 산장(Ref de Miage)	트뤽 산장(Aub Du Truc)	1720	161	1.5	7.2	50	
트뤽 산장(Aub Du Truc)	레콩타민(Les Contamins)	1167	(553)	5	12.2	90	
레콩타민(Les Contamins)	노트르담 성당(N-D de la Gorge)	1210	43	3	15.2	50	
노트르담 성당(N-D de la Gorge)	낭보랑 산장(Ref Nant Borrant)	1460	250	1.8	17	70	17

<고도차: 붉은 색은 내리막>

2일 차 | 낭보랑 산장-본옴므 고개-푸르 고개-푸르 전망대-글라시에 마을-모테 산장 16.8km 9h ↗1310 ↘900

고도차가 있는 난이도 있는 구간으로 시간이 있으면 조베 호수를 다녀오는 것을 추천한다.(왕복 1시간 30분) 본옴므 고개까지 계속 오르막이며 우리는 여기서 30분 정도 진행한 후 물이 흘러 내리는 기슭에서 라면으로 점심준비를 하였다. 크로와뒤 본옴므 고개 근처에서 날씨가 나쁘면 푸르 고개로 가지 말고 라샤피유로 진행하는 것이 좋다. 푸르 고개 전망대는 날씨가 좋으면 몽블랑도 보이는 곳이므로 가능하면 가보는 것을 추천한다. 푸르 고개에서 하산길은 주의가 필요하다. 급경사에 길이 뚜렷하지 않고 얼음과 눈으로 섞여 있어 아이젠을 차고 걸어도 별로 도움이 되지 않았다.

이 구간을 지나면 치즈로 유명한 글라시에 마을까지는 전형적인 알프스 초원의 멋진 길로 이어졌다. 오늘 숙박지 프랑스 모테 산장은 분위기는 좋았는데 도미토리 숙박시설은 좋지 못했다. 이곳에서 숙박할 경우 2인실, 4인실 등이 있는 신규 건물의 약간 비싼 방으로 예약할 것을 추천한다.

시작지점	도착지점	고도	고도차	구간 거리	누적 거리	구간 시간(분)	누계
낭보랑 산장(Ref Nant Borrant)	발므 산장(Ref de la Balmme)	1706	246	2.5	2.5	55	
발므 산장(Ref de la Balmme)	조베 평원(Plan Jovet)	1920	214	1	3.5	30	
조베 평원(Plan Jovet)	본옴므 고개(Col du Bonhomme)	2329	409	2.8	6.3	90	
본옴므 고개 (Col du Bonhomme)	크로와뒤 본옴므 고개 (Croix du Bonhomme)	2483	154	1.6	7.9	115	
크로와뒤 본옴므 고개 (Croix du Bonhomme)	푸르 고개 (Col de Fours)	2665	182	0.8	8.7	20	
푸르 고개 (Col de Fours)	푸르 계곡 전망대 왕복 (Tete Nord des Fours)	2756	91	1	9.7	35	
푸르 계곡 전망대 왕복 (Tete Nord des Fours)	글라시에 마을 (La Ville des Glaciers)	1789	(967)	5.5	15.2	165	
글라시에 마을 (La Ville des Glaciers)	모테 산장 (Ref de Mottets)	1870	81	1.6	16.8	50	33.8

<고도차: 붉은 색은 내리막>

3일 차 | 모테 산장–세뉴 고개–엘리자베타 산장–콩발 호수 삼거리–미아지 호수– 라 비자이–쿠르마유르 15.4km 8h ↗680 ↘910

쉬운 구간으로 세이뉴 고개까지 완만하게 오르면 그 뒤로는 베니Val Veni 계곡을 따라 계속 하산길이다. '반지의 제왕' 영화에 나오는 길을 따라 내려가면서 보이는 Aiguille Noire de Peuterey 피라미드 침봉이 무척 인상적이다. 오랜 역사와 전통을 지닌 엘리자베타 산장 근처 개울에서 점심시간을 가졌다.

이탈리아 샤모니인 쿠르마유르 마을에서 여유 시간을 가지기 위해 미아지 호수를 감상한 후 정규코스를 벗어나 라 비자이로 하산후 버스를 타고 쿠르마유르로 갔다. TMB를 계획하는 트레커들에게 쿠르마유르에서 하루 이상 여유시간을 가질 것을 제안한다. 이탈리아 쪽에서는 이곳을 기점으로 TMB를 완주하는 트레커들이 많다고 한다. 우리가 숙박한 타베르니에 호텔은 가격도 조식제공에 저렴하고 위치도 좋았다.

시작지점	도착지점	고도	고도차	구간 거리	누적 거리	구간 시간(분)	누계
모테 산장(Ref de Mottets)	세뉴 고개-국경(Col de Seigne)	2516	646	4. 5	4.5	125	
세뉴 고개-국경(Col de Seigne)	카세메테 휴게소(La Casermette)	2365	(151)	0.8	5.3	25	
카세메테 휴게소 (La Casermette)	엘리자베타 산장 (Refugio Elisabetta)	2195	(170)	2.8	8.1	60	
엘리자베타 산장 (Refugio Elisabetta)	콩발 호수 삼거리 (Lac Combal)	1958	(237)	3.3	11.4	60	
콩발 호수 삼거리(Lac Combal)	미아지 호수(Lac du Miage)	2020	(62)	0.5	11.9	20	
미아지 호수(Lac du Miage)	라 비자이 버스종점(La Visaille)	1670	(350)	3.5	15.4	60	49.2
라 비자이 버스종점(La Visaille)	쿠르마유르(Courmayeur)	1226	(444)	버스			

<고도차: 붉은 색은 내리막>

4일 차 | 쿠르마유르-베르토네 산장-몽드라 삭스 능선-트롱슈-사핑 고개-Pas-entre-deux-sauts-보나티 산장

16km 10h ↗1610 ↘750

고도차가 있어 난이도 있는 구간이다. 쿠르마유르에서 성당 뒤편으로 이어진 길로 3시간가량 올라가면 베르토네 산장에 도착한다. 보나티 산장으로 가는 쉬운 둘레길을 버리고 산장에서 라면 끓일 물을 준비하고 1시간 정도 오른 후 전망 좋은 곳에서 식사하였다. 이 코스의 하이라이트인 몽드라 삭스 능선이다. 알프스 3대 북벽인 그랑드조라스를 정면으로 보는 정말 멋진 곳으로, 다시 오고 싶은 마음이 든다. 이 구간의 가장 높은 봉우리인 트롱슈에서 다시 멋진 조망을 즐긴다. 사핑 고개를 지나 계곡 합수지점을 만나 보나티로 갈 수 있는 계곡길을 버리고 다시 Pas-entre-deux-sauts 고개로 올라갔다. 조금 전 지난 계곡길은 보나티로 가는 좋은 선택이 될 수 있다. 고개 지나서 말라트라 계곡을 따라 보나티 산장까지는 계속 하산길로 이어진다. 오늘의 숙박지인 보나티 산장은 이탈리아를 흠뻑 느끼게 하는 멋진 곳이었다. 8인 도미토리 방에서 웅장한 이탈리아 알프스 전경을 보았다.

시작지점	도착지점	고도	고도차	구간 거리	누적 거리	구간 시간(분)	누계
쿠르마유르 (Courmayeur)	베르토네 산장 (Refugio Giorgio Bertone)	1989	763	5.7	5.6	160	
베르토네 산장 (Refugio Giorgio Bertone)	몽드라 삭스 능선 (Monte de la Saxe)	2348	359	0.5	6.1	30	
몽드라 삭스 능선 (Monte de la Saxe)	트롱슈 (Tete De La Tronche)	2584	236	3.7	9.8	80	
트롱슈(Tete De La Tronche)	사핑 고개(Col Sapin)	2436	(148)	0.6	10.4	15	
사핑 고개(Col Sapin)	Pas-entre-deux-sauts	2524	88	2.3	12.7	60	
Pas-entre-deux-sauts	보나티 산장(Bonatti)	2025	(499)	3.3	16	80	65.2

<고도차: 붉은 색은 내리막>

5일 차 | 보나티 산장-엘레나 산장-그랑 페레 고개-라필 산장-라 풀리 에델바이스 호텔

20.3km 10h ↗900 ↘1340

거리도 되고 고도차도 있는 힘든 구간이다. 보나티 산장에서 페레 계곡을 따라 하산길로 이어진다. 공원 지역을 지나 Pre de Bar 빙하 맞은편 언덕에 위치한 엘레나 산장까지는 신작로 길로 이어지다가 산장부터 페레 고개까지는 급하게 올라가야 하고 그 이후 라 풀리로 길게 이어지는 지루한 구간이다. 우리는 스위스 국경인 고개를 지나 물이 있는 초지에서 점심식사를 가졌다. 하산시 스위스 풍경은 이탈리아 쪽보다는 덜 인상적이었다.

농장에서 산장으로 개조한 라필 산장에서 생맥주를 하면서 휴식을 취했다.

여기서 라 풀리로 가는 길이 갈리는데 우리는 큰 도로를 따라가지 않고 산으로 휘돌아 가는 길을 택했다. 시간과 힘은 더 들었지만 나름 좋은 경관을 보여주었다. 숙박한 에델바이스 호텔은 도미토리도 겸하는 산장이다. 조그마한 마을이지만 술집도 있고 피자도 팔고 슈퍼도 있다.

시작지점	도착지점	고도	고도차	구간 거리	누적 거리	구간 시간(분)	누계
보나티 산장(Bonatti)	페레 호텔(Chalet Val Ferret)	1784	(241)	4.3	4.3	90	
페레 호텔(Chalet Val Ferret)	엘레나 산장(Elena)	2062	278	3.2	7.5	50	
엘레나 산장(Elena)	페레 고개(Grand col Ferret)	2537	475	2.4	9.9	80	
페레 고개(Grand col Ferret)	라필 산장(Alpages de la Peule)	2071	(466)	3.6	13.5	90	
라필 산장(Alpages de la Peule)	라 리셰(La Léchère)	1795	(276)	4.8	18.3	80	
라 리셰(La Léchère)	라 풀리(La Fouly)	1610	(185)	2	20.3	40	85.5

<고도차: 붉은 색은 내리막>

6일 차 | 에델바이스 호텔-프라즈드프르-이세르 마을-샹펙스 호수-아르페트 산장 18.5km 8h ↗670 ↘620

TMB 중 가장 쉬운 구간으로 오르막 내리막이 많지 않고 주로 평지 구간으로 이루어져 있다. 대부분 패키지로 진행하는 단체 팀들은 이 구간을 걷지 않고 셔틀버스로 이동하여 하루를 단축한다. 우리는 정규코스를 따라 그대로 걷는다. 잘 꾸민 아기자기한 스위스 농가들을 구경할 수 있다.

점심은 이세르 마을에서 생맥주를 마시고 잠시 후 오르막 시작점인 계곡물이 흐르는 동굴 근처 너른 공터에서 가졌다. 샹펙스 호수 주변엔 유명 휴양지에 걸맞게 많은 호텔과 슈퍼 등 편의시설들이 있다. 숙소인 아르페트 산장은 4인실 도미토리로 괜찮은 편이었다.

시작지점	도착지점	고도	고도차	구간 거리	누적 거리	구간 시간(분)	누계
라필 마을	프라스드프르(Praz-de-Fort)	1151	(459)	8.6	8.6	140	
프라즈드프르(Praz-de-Fort)	이세르 마을(Issert)	1055	(96)	2	10.6	50	
이세르 마을(Issert)	샹펙스 호수(Lac Champex)	1466	411	5.6	16.2	150	
샹펙스 호수(Lac Champex)	아르페트 산장(Relais d'Arpette)	1627	161	2.3	18.5	40	104

<고도차: 붉은 색은 내리막>

7일 차 | 아르페트 산장-아르페트 고개-빙하 산장-르퓨티 산장

13.9km 8h ↗980 ↘1280

이 구간은 거리는 짧지만 고도가 있어 난이도가 높다. 날씨가 나쁘면 선택하지 말고 보빈 목장 코스로 갈 것을 권한다. 아르페트 고개 오르는 데 힘이 든다. 고개 밑 바위틈새에서 식수를 받아 아르페트 고개에서 점심식사를 하였다. 이후 왼쪽으로 트리앙 빙하를 바라보면서 가파르게 하산길이 이어진다.

하산지점 막바지에 트리앙 빙하 산장이 있어 생맥주와 파이를 즐겼다. 산장에서 르퓨티 산장으로 가는 수로는 정비도 잘 되어 있고 평탄한 길이 트리앙으로 죽 이어진다. 르퓨티 산장은 캠핑장도 겸하며 모테 산장처럼 음식과 분위기는 좋았다. 다만 규모가 작고 도미토리 숙박시설은 좋지 못했다. 단체일 경우 Col de la Forclaz 방향에 있는 산장들을 잡는 것이 좋겠다.

시작지점	도착지점	고도	고도차	구간 거리	누적 거리	구간 시간(분)	누계
아르페트 산장 (Relais d'Arpette)	라 발므 (Lar Barme)	2143	516	3	3	80	
라 발므 (Lar Barme)	아르페트 고개 (Fertetre d'Arepette)	2665	522	2	5	125	
아르페트 고개 (Fertetre d'Arepette)	빙하산장 (Charet du Glacier)	1583	(1082)	5	10	130	
빙하산장(Charet du Glacier)	르퓨티 산장(Le Peuty)	1328	(255)	3.9	13.9	70	117.9

<고도차: 붉은 색은 내리막>

8일 차 | 르퓨티 산장-발므 산장-포젯봉-몽록 기차역-샤모니

13.8km 7h ↗1040 ↘980

락블랑 구간이 포함되어 있지 않을 경우 이 구간은 다소 쉬운 구간이다. 스위스와 프랑스 국경인 발므 고개와 포젯봉에서의 풍광은 TMB의 백미로 정말 멋지다. 불친절한 산장으로 알려진 발므 산장까지는 계속 오르막이며, 발므 고개부터 포젯봉까지 초원 능선길은 샤모니와 몽블랑을 조망할 수 있는 멋진 뷰를 제공한다. 샤모니에 왔지만 TMB를 안 하는 하이커에게도 이 구간을 추천한다.

점심식사는 포젯봉 정상 근처 초원지대에서 풍광을 즐기면서 가졌다. 왼쪽으로 투르 빙하, 아르장티에 빙하 오른쪽으로 몽블랑을 보면서 몽테 고개 쪽으로 하산한다. 원래 오늘의 숙박지는 락블랑 산장으로 정했었는데, 2019년은 영업을 하지 않아 백업으로 예약한 샤모니의 호텔을 이용했다. 샤모니 TMB 구간에선 산장을 예약하지 못하면 샤모니 호텔을 베이스캠프로 하고 버스나 기차를 이용해 마무리하는 것도 좋다. 우리가 이용한 이곳은 저렴하지만 시설 등에서 열악하여 추천하지 않는다. 샤모니 시내는 교통 인프라가 잘 되어 있고 취사할 수 있는 곳도 저렴한 곳이 많다.

시작지점	도착지점	고도	고도차	구간 거리	누적 거리	구간 시간(분)	누계
르퓨티 산장(Le Peuty)	발므 고개(Col de Balme)	2191	863	5	5	140	
발므 고개(Col de Balme)	포젯 고개(Col des Posettes)	1997	(194)	2.4	7.4	50	
포젯 고개(Posettes)	포젯봉(Aig des Posettes)	2201	204	1.4	8.8	55	
포젯봉 (Aig des Posettes)	몽테 고개 갈림길 (Col des Montets)	1450	(751)	3.7	12.5	90	
몽테 고개 갈림길 (Col des Montets)	몽록 기차역 (Montroc)	1360	(90)	1.3	13.8	25	131.7
몽록 기차역(Montroc)	샤모니(Chamonix)	1036	(324)	버스			

<고도차: 붉은 색은 내리막>

9일 차 | 브레방 전망대-브레방 고개-플랑프라즈-프레제르 산장-테트오방 돌탑-락블랑 호수-몽테 고개-몽록 기차역

18.1km 8h ↗640 ↘1560

이 구간은 조금 어렵다. 거리도 있고 락블랑 호수 올라가는 구간이 제법 경사가 있다. 샤모니 시내에서 10분이면 전망대 케이블카역에 도달하며 1번 환승해 브레방 전망대에 갈 수 있다. 원래는 몽테 고개부터 시작해야 하는데 짐을 줄이려고 오늘 숙박지인 샤모니 시내 호텔에 불필요한 짐을 다시 맡기다 보니 동선상 브레방 전망대부터 하는 것이 자연스러웠다. 플랑프라까지 멋진 몽블랑 조망을 보여주는 환상적인 길이다. 원래 점심을 프레제르 산장 근처에서 하려 했는데 문을 닫아 일정에 차질이 생겨 행동식으로 대체한다. 모두 락블랑 산장으로 올라가기에는 시간이 없어 일부만 다녀왔다. 우리에게 이 구간은 "프레제르 산장에서 인덱스 곤도라를 이용해 도착하는 인덱스 고개부터 락블랑 산장으로 하산하는 코스를 택했으면 모두 가고 싶어 하는 락블랑 호수를 볼 수 있었을 텐데." 하는 아쉬움이 남았다. 테트오방 돌탑에서 하산은 몽테 고개로 우회하는 것이 안전하다. 트레르샹 쪽은 가파른 사다리 계단을 여러 곳 내려가야 하므로 기상이 나쁠 때는 위험하다.

시작지점	도착지점	고도	고도차	구간 거리	누적 거리	구간 시간(분)	누계
브레방 전망대(Le Brevent)	브레방 고개(Col du Brevent)	2368	(158)	1.3	1.3	20	
브레방 고개(Col du Brevent)	플랑프라(Plan Praz)	2000	(368)	1.3	2.6	20	
플랑프라(Plan Praz)	샤를라농(Charlanon)	1812	(188)	1.5	4.1	50	
샤를라농(Charlanon)	프레제르 산장(Refuge la Flégère)	1875	63	2.5	6.6	80	
프레제르 산장(Refuge la Flégère)	데트오방 돌탑(Tete Aux Vents)	2132	257	2.5	9.1	65	
데트오방 돌탑(Tete Aux Vents)	셰셔리 호수(Lac Cheserys)	2211	79	0.8	9.9	25	
셰셔리 호수(Lac Cheserys)	락블랑 호수(Lac Blanc)	2352	141	0.7	10.6	25	
락블랑 호수(Lac Blanc)	데트오방 돌탑(Tete Aux Vents)	2132	(220)	1.5	12.1	30	
데트오방 돌탑(Tete Aux Vents)	몽테 고개(Col des Montets)	1461	(671)	4.2	16.3	80	
몽테 고개(Col des Montets)	몽록 기차역(Montroc)	1360	(101)	1.8	18.1	30	149.8

<고도차: 붉은 색은 내리막>

10일 차 오후 | 샤모니-브레방 전망대-벨라샤 산장-메를렛 주차장-예수상-레 우슈역 10.4km 3h ↗120 ↘1620

쉬운 구간이다. TMB 마지막 구간인 레우슈로 가기 위해 니데글 다녀온 후 다시 브레방 케이블카를 타고 브레방 전망대로 올라간다. 원래 계획은 니데글을 안 가고 이 구간의 멋진 곳 우슈봉을 넣어 길게 타려 했는데, 아침에는 관광도 좋다는 생각이 들어서 TMB 정규코스로 걷는다. 거의 오르막은 없고 내리막으로 레 우슈로 급하게 떨어진다. 10일 만에 TMB 구간 160km를 완주했다.

시작지점	도착지점	고도	고도차	구간 거리	누적 거리	구간 시간(분)	누계
브레방 전망대(Le Brevent)	벨라샤 산장(Ref Bellacht)	2152	(374)	2.4	2.4	55	
벨라샤 산장(Ref Bellacht)	예수상(Le Christ Roi)	1196	(956)	7	9.4	115	
예수상(Le Christ Roi)	레 우슈역(Les Houches)	980	(216)	1	10.4	20	160.2

<고도차: 붉은 색은 내리막>

10일 차 오전 | 니데글역-빙하-니데글 2km 1.5h

샤모니에서 출발하는 몽블랑 정상4810m 등반로는 3개의 코스가 있으며 에귀뒤미디 전망대에서 출발하는 북동릉 코스와 니데글역에서 출발하는 구테 산장코스가 대표적이다. 우리는 일반 등산객이 가장 많이 사랑하는 구테 산장코스에 가기 위한 베이스캠프 역할을 하는 니데글역을 찾아간다. 오전에 관광 모드로 니데글 산장에서 빙하까지 다녀온다.

시작지점	도착지점	고도	고도차	구간 거리	누적 거리	구간 시간(분)
샤모니(Chamonix)	르파예(Le Fayet)	950	(86)	기차		
르파예(Le Fayet)	니데글역(Nid D'Aigle)	2380	1430	산악열차		
니데글역(Nid D'Aigle)	니데글 대피소 (Refuge du Nid D'Aigle)	2372	(8)			20
니데글 대피소 (Refuge du Nid D'Aigle)	비오나세 빙하 (Glacier de Bionnassay)	2450	78	1	1	30
비오나세 빙하 (Glacier de Bionnassay)	니데글역(Nid D'Aigle)	2380	(70)	1	2	30
니데글역(Nid D'Aigle)	벨뷔역(Bellevue)	1801	(579)	산악열차		
벨뷔역(Bellevue)	레 우슈(Les Houches)	980	(821)	케이블카		
레 우슈(Les Houches)	샤모니(Chamonix)	1036	56	버스		

<고도차: 붉은 색은 내리막>

투르 드 몽블랑TMB 일정기획

기본원칙: 개인적으로 4~5인 기준 해외 트레킹을 한 경험은 있으나 일행이 10명 이상인 경우는 처음이라 고려할 사항이 많다.

- 트레킹 패키지(국내 혹은 현지) 이용 혹은 자체적으로 진행여부
- 일정의 선택: 6일부터 12일 이내에서 기간 선택
- 루트의 선택: 정규 혹은 변형 코스 혼합 활용여부
- 산행 방법: 산장 위주로 하되 호텔 이용여부 및 점심 해결방법 결정

우선 기본원칙과 아래의 가정을 가지고 일정을 기획한다.

✓ 패키지를 이용하지 않고 우리 단독으로 진행하자.

국내 여행 서적을 읽으면서 저자들의 경험을 종합해 보니 히말라야 트레킹보다 힘들고 비박 트레킹보다는 쉽다는 결론을 내렸다. 관건은 배낭무게이다.

✓ 대부분 트레커가 선택하는 시계 반대 방향으로 TMB 전체 루트를 걷는다.

가능한 한 전체 코스를 걷는 것을 목표로 하지만 패키지에서 한 것처럼 레 우슈에서 벨뷔역까지는 케이블카를 이용하고 브레방 케이블카를 이용해 양방향으로 걷는다. 대략 10일 이상의 일정이 필요하게 된다.

버스로 많이 생략하는 스위스 구간도 전부 걷는다. 하루 6시에 일어나 7시에 식사하고 8시에 출발하며 오후 5시 전후 목적지에 도착할 수 있게 설계한다.

✓ 점심은 간단히 해결하자.

비용은 물론 산행시간도 절약하고 중간에 산장이 없는 구간에서도 도움이 많이 된다. 대부분 산행기를 읽어 보면 점심 도시락이 가격대비 부실하다는 평이 많다. 그래 처음부터 컵라면과 빵 위주로 점심을 하고 산장에서는 주로 맥주를 곁들여 마신다. 최소한의 버너와 코펠을 지참한다.

✓ 쿠르마유르에서 여유 있는 시간을 가지자.

이탈리아의 유명한 산악마을인 쿠르마유르에 일찍 도착하여 시내구경하고 저녁도 매식하는 일정으로 셋째 날 일정을 준비한다. 라 바자이 하산지점에서 버스를 이용 쿠르마유르로 이동한다. 이탈리아 쪽에서는 이곳을 기 점으로 TMB를 완주하는 트레커들이 많다고 한다. 이곳에서는 이탈리아 몽 블랑 전망대 Pointe Helbronner로 올라가는 케이블카를 이용할 수 있으며, 여기서 에귀뒤미디 전망대까지도 왕복하는 곤돌라 리프트로 샤모니에서 가는 것보다 한결 수월하게 갔다올 수 있다.

✓ 덜 혼잡하면서 경치 좋은 코스로 가자.

가이드북이나 블로그에 의하면 정규 코스는 붐비고 경치도 덜 하다는 정보가 있어 악천후가 아니면 가능한 경치가 좋은 정규 및 변형 코스를 선택한다.(몽드라 삭스 능선, 아르페트 고개, 포젯봉, 포르 고개 등)

✓ 관광지도 방문한다.

트레킹 지역 이외에도 유명한 관광명소인 에귀뒤미디 전망대와 몽블랑 베이스캠프 및 인근 빙하 등을 보도록 기획한다.

일정기획 세부내역

위와 같은 원칙과 가정을 고려하여 다음과 같이 10일간의 TMB 트레킹 일정을 기획하였다. KOMOOT앱을 이용하면 그날 가야 할 곳의 고도변화와 거리 및 주요 포인트들에 대한 정보를 구할 수 있다. 우리는 7월 5일 샤모니에서 만나 당일에 에귀뒤미디 전망대를 관광한 후 다음 날인 6일부터 10일간 TMB 구간을 걷는 것으로 기획하였고 매일매일 걷는 거리와 시간 및 오르막과 내리막 등의 정보를 알아 하이킹의 난이도를 미리 파악할 수 있어 많은 도움이 되었다. 윈도에서도 앱처럼 사용가능하다.(www.komoot.com) 기획한 후 해당 루트를 받아 보려면 유료로 지도를 구입해야 한다. 무료 버전도 이 기능 빼고는 기획하는 데 아무 문제가 없다.

1일 차

Difficult
07:21
16.9 km
2.3 km/h
940 m
1,230 m
Expand
les-Bains
Les Houches
Demi-Quartier
Altisurface du Dôme du Goûter
Aérodrome de Megève
Les Contamines-Montjoie
RÉSERVE NATURELLE DES CONTAMINES-MONTJOIE
2 km
Leaflet | © Komoot | Map data © OpenStreetMap contributors
5 km
10 km
15 km
2,000 m
1,500 m
1,000 m
Highest Point 2,120 m
Lowest Point 1,160 m

A
벨뷔역
(Bellevue station)
1.91km
1
구름다리
(Hängebrücke)
1.92km
2
트리코 고개
(Col de Tricot)
2.08km
3
미아지 산장
(Refuge du Miage)
1.42km
4
트뤽 산장
(Auberge du Truc)
6.08km
5
레콩타민
(Les Contamines)
1.5km
6
노트르담 성당
(Notre-Dame de la Gorge)
1.8km
B
낭보랑 산장
(Refuge de Nant Borrant)

2일 차

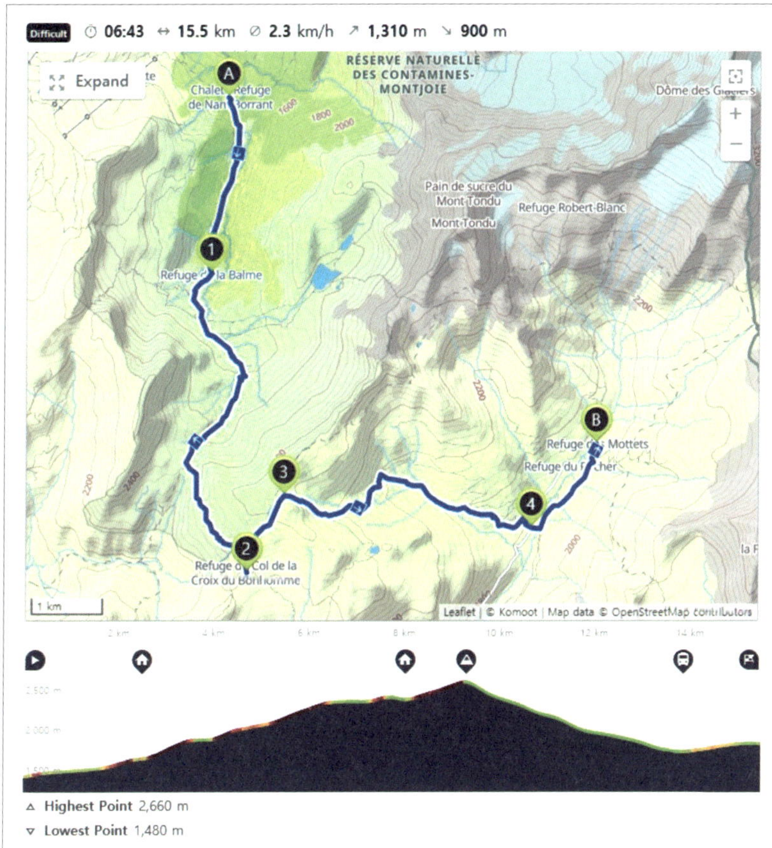

A 낭보랑 산장 (Refuge de Nant Borrant)

2.53km

1 발므 산장 (Refuge de la Balme)

5.51km

2 크로와뒤 본옴므 고개 (Refuge du Col de la Croix du Bonhomme)

1.29km

3 푸르 고개 (Col des Fours)

4.57km

4 글라시에 마을 (Ville des Glaciers)

1.6km

B 모테 산장 (Refuge des Mottets)

3일 차

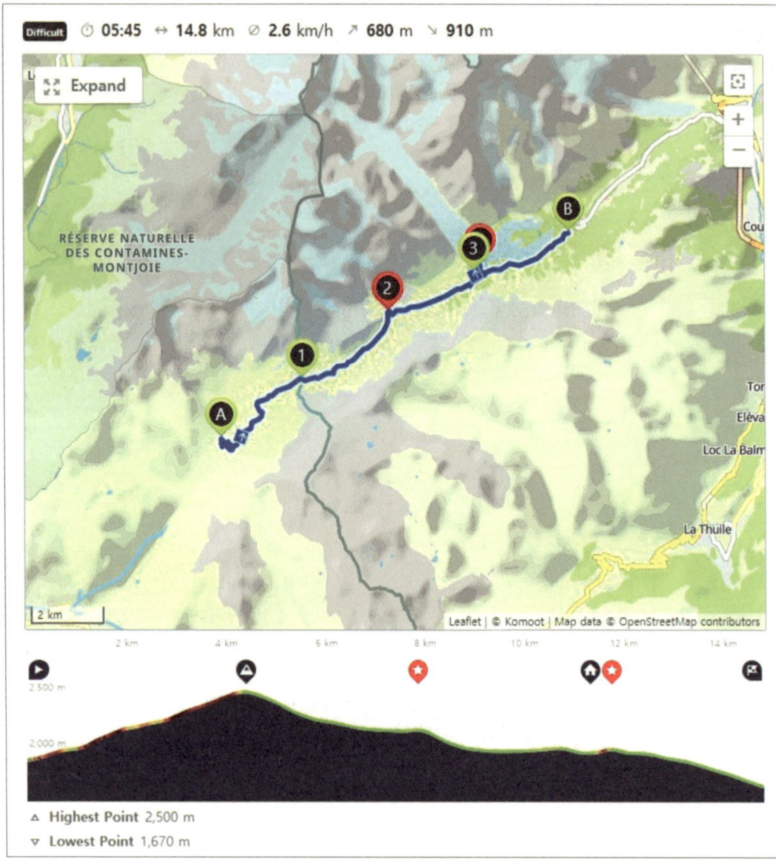
Difficult
05:45
14.8 km
2.6 km/h
680 m
910 m
Expand
RÉSERVE NATURELLE DES CONTAMINES-MONTJOIE
La Thuile
Loc La Balm
2 km
Leaflet | © Komoot | Map data © OpenStreetMap contributors
Highest Point 2,500 m
Lowest Point 1,670 m

모테 산장
(Refuge des Mottets)
4.41km
세뉴 고개
(Col de la Seigne)
3.43km
엘리자베타 산장
(Rifugio Elisabetta Soldini)
3.46km
콩발 산장
(Rifugio Combal)
0.5km
미아지
(Lago del Miage)
3km
라 비자이
(La Visaille)

4일 차

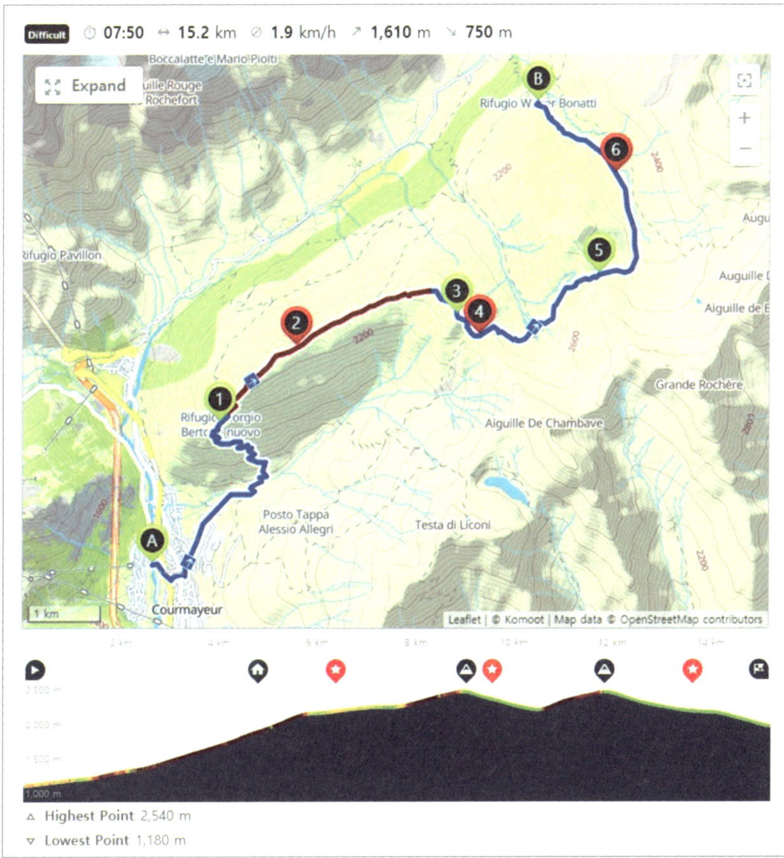

Ⓐ 쿠르마유르 (Courmayeur)

4.80km

❶ 베르토네 산장 (Rifugio Giorgio Bertone nuovo)

0.27km

❷ 몽드라 삭스 능선 (Mont de la Saxe)

3.97km

❸ 트롱슈 언덕 (Tête de la Tronche)

0.54km

❹ 사핑 고개 (Col Sapin)

2.32km

❺ Pas entre deux Sauts 고개

1.8km

❻ 말라트라 계곡 (Vallone di Malatra)

1.5km

Ⓑ 보나티 산장 (Rifugio Walter Bonatti)

5일 차

Ⓐ 보나티 산장 (Rifugio Walter Bonatti) — 772m — ❶ 페레 계곡 (Val Ferret) — 4.55km — ❷ 공공분수대 (Public Water Fountain) — 2.35km — ❸ 엘레나 산장 (Rifugio Elena) — 2.43km — ❹ 그랑페레 고개 (Grand Col Ferret) — 3.6km — ❺ 라필 산장 (Alpage de la Peule) — 3.9km — ❻ 라 풀리 (La Fouly) — 1.9km — Ⓑ 에델바이스 호텔 (Edelweiss)

6일 차

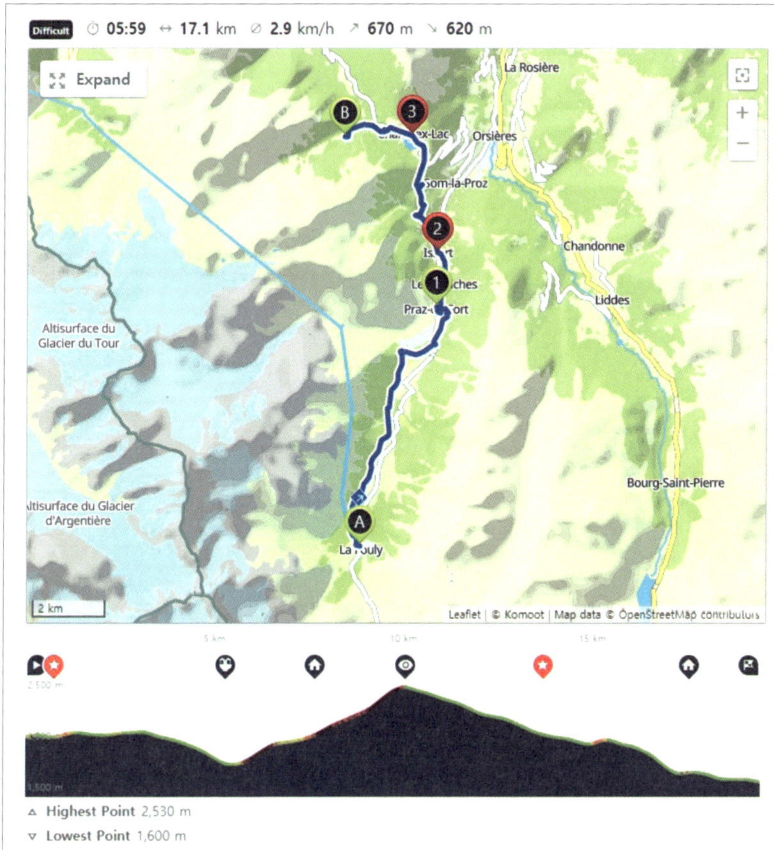

A 에델바이스 호텔 (Edelweiss)

8.58km

1 프라즈드프르 (Chapelle de Praz-de-Fort)

1.92km

2 이세르 마을 (Issert (Val Ferret))

4.3km

3 샹펙스 호수 (Champex-le-Lac)

2.3km

B 아르페트 산장 (Relais d'Arpette)

7일 차

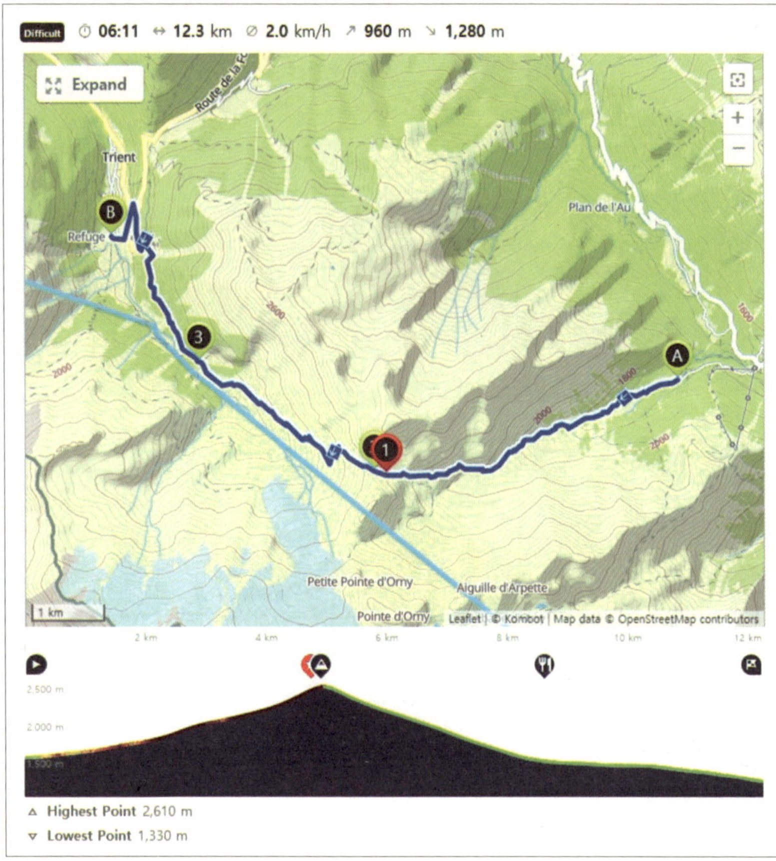

Difficult
06:11
12.3 km
2.0 km/h
960 m
1,280 m
Expand
Trient
Refuge
Route de la Fo
Plan de l'Au
Petite Pointe d'Orny
Aiguille d'Arpette
Pointe d'Orny
1 km
Leaflet | © Komoot | Map data © OpenStreetMap contributors
2 km
4 km
6 km
8 km
10 km
12 km
2,500 m
2,000 m
1,500 m
Highest Point 2,610 m
Lowest Point 1,330 m

A
아르페트 산장
(Relais d'Arpette)
4.75km
1
아르페트 고개
(Fenêtre d'Arpette)
0.2km
2
트리앙 빙하
(TMB Blick auf den Glacier du Trient)
3.72km
3
빙하산장
(charet du glacier)
3.66km
B
르퓨티 산장
(Refuge Le Peuty)

8일 차

Ⓐ 르퓨티 산장 (Refuge Le Peuty)

4.96km

❶ 발므 고개 (Chalet du Col de Balme)

2.3km

❷ 포젯 고개 (Col des Posettes)

1.4km

❸ 포젯봉 (Aiguillette des Posettes) (Gipfel)

4.04km

Ⓑ 몽테 고개 (Col des Montets)

9일 차

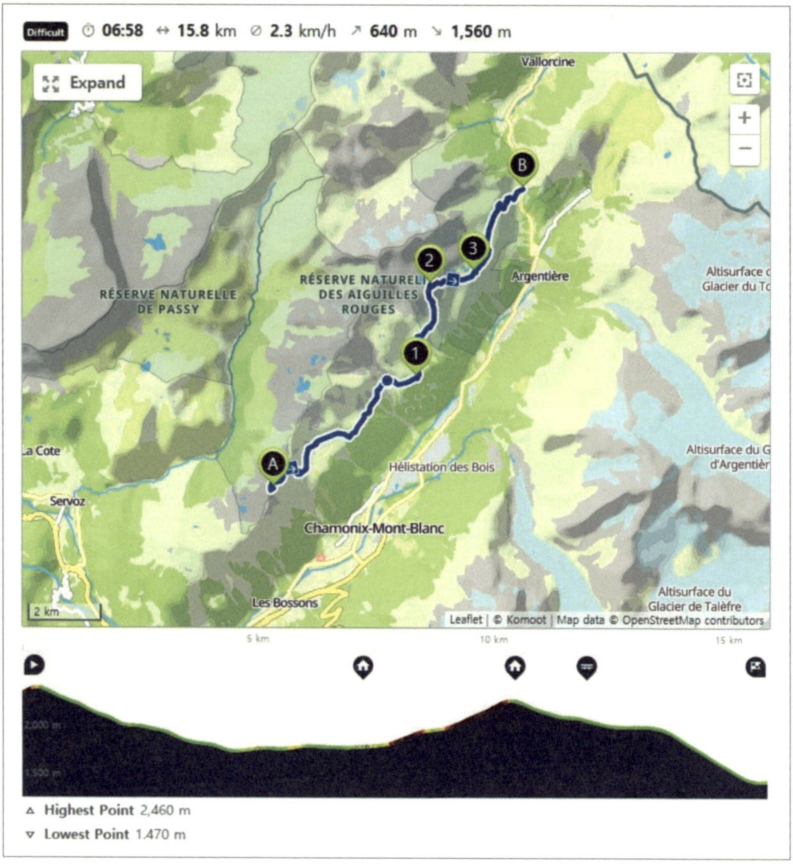
Difficult 06:58 ↔ 15.8 km ⌀ 2.3 km/h ↗ 640 m ↘ 1,560 m
Expand
Vallorcine
RÉSERVE NATURELLE DES AIGUILLES ROUGES
RÉSERVE NATURELLE DE PASSY
Argentière
Altisurface du Glacier du Tour
La Cote
Servoz
Hélistation des Bois
Chamonix-Mont-Blanc
Altisurface du Glacier d'Argentière
Les Bossons
Altisurface du Glacier de Talèfre
2 km
Leaflet | © Komoot | Map data © OpenStreetMap contributors
5 km
10 km
15 km
Highest Point 2,460 m
Lowest Point 1.470 m

A 브레방 전망대 (Brevent Summit)
7.25km
1 프레제르 산장 (La Flégère)
3.25km
2 락블랑 산장 (Refuge du Lac Blanc)
1.5km
3 셰셔리 호수 (Lacs de Chéserys)
3.8km
B 몽테고개 정류장 (Col des Montets Bus Station)

10일 차

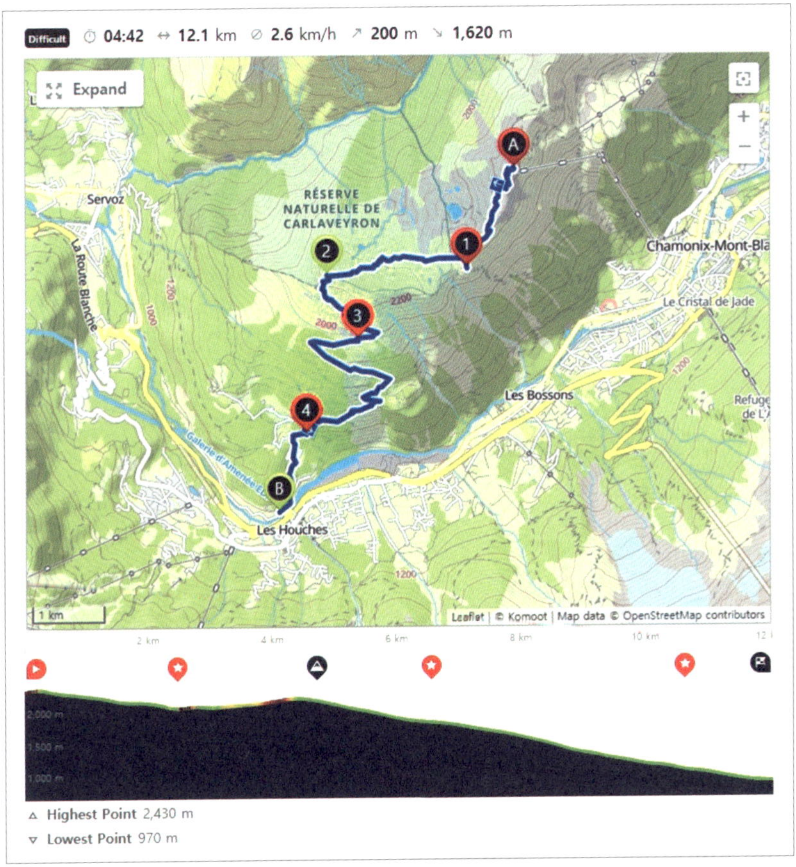

Ⓐ 브레방 전망대 (Brevent Summit)

2.50km

❶ 벨라샤 산장 (Refuge de Bellachat)

2.23km

❷ 우슈봉 (Aig de Houches)

1.84km

❸ Chalets De Chailloux

4.87km

❹ 예수상 (Statue Le Christ Roi)

1.4km

Ⓑ 레 우슈 기차역 (Les Houches Train Station)

10일 차 마지막 날은 브레방에서 내리막길만 하는 본래의 TMB 구간에 제주도 기분을 준다는 우슈봉을 끼워 넣어 다양하게 기획해 보았다. KOMOOT 앱을 이용하면 가보지 못한 지역의 트레일도 손쉽게 하루 일정 등을 고려하여 설계할 수 있어 큰 도움이 되었다.

숙소예약

TMB 산장들은 주로 매년 6월 중순부터 9월 말까지 운영한다. 성수기는 산장 인기도에 따라 6개월 전부터 예약하는 것이 좋다.

산장과 숙소예약은 하프보드(숙박+저녁아침) 주문을 기본으로 했다. 간편하고 쉽게 온라인으로 예약할 수 있으나, 대부분 예약 즉시 30% 숙박비가 결제되고 취소하기가 복잡하여 여러번의 메일을 주고받았다.

- https://www.montourdumontblanc.com/uk/index.aspx

온라인으로 예약이 안 되는 이탈리아 산장으로는 보나티 산장Rifugio Bonatti, 2025m, 엘레나 산장Rifugio Elena, 2054m 엘리자베타 산장Refuge Elisabetta, 2195m으로 직접 메일을 보내 예약해야 한다. 대신 선불을 요구하지는 않는다.

2019년에는 문을 닫았지만 샤모니 쪽에는 프레제르 호텔Refuge de la Flégère, 1877m, 락블랑 산장Refuge de Lac Blanc2352m이 있다. 산장은 montourdumontblanc을 통해 2018년 12월에 예약하였으며 보나티 산장은 2018년 12월 1일 해당 홈페이지를 통해 예약을 하여 확인을 받았다.

Rifugio <rifugiobonatti@gmail.com>
나에게 ▾

2018년 12월 5일 (수) 오후 6:58

文A 영어 ▾ > 한국어 ▾ 메일 번역

Good morning,
please read the whole message

We confirm you your reservation as
M. Moonshik Chae
Tuesday: 09 July (1 night)
12 people
Dormitory (personal sleeping liner mandatory or possible to rent, in cotton, a € 3)
Half board (shower and visitor tax included) € 55 per person

Deposit is not requested
Credit cards are not accepted (we don't have a card reader)

As we do not ask for deposit, we ask fair play:
if you have any problem and you cannot come for any reason
please let us know soon as possible (better by phone at last day)

Cancellation policy
In case
- some of your party members will not come
- you make a wrong double reservation
- and you don't cancel them (by phone better, by email) before 12.00AM of the day before your arrival
you agree to pay 50% of the total amount of your confirmed reservation

Timetable:
Check in: from 3.30 PM
Dinner: 6.45 PM
Silence: 10.00 PM
Breakfast: 6.15 AM > 7.45

Many thanks
Best regards

L'équipe del Rifugio Alpino Walter Bonatti

Ne pas répondre / Do not respond Re: Ne pas répondre / Do not respond Re: Fwd: Reservation request for LacBlanc on Jul 13,2018

1 개의 메일

Refuge du Lac-Blanc <refugedulacblanc@gmail.com>
받는사람: mschae73@gmail.com

2019년 4월 1일 오후 11:01

Chers randonneurs,

La situation juridique du refuge n'étant toujours pas clarifiée, nous
ne sommes pas en mesure de pouvoir prendre des réservations pour la
saison d'été.

Cordiales salutations,

Dear hikers,

As the legal situation of the shelter is still unclear, we are not
able to take reservations for the summer season.

Cordial greetings,

--
Swannie Sage

Refuge du Lac Blanc
+33 (0)6.02.05.08.82
www.refugedulacblanc.fr <http://www.refugedulacblanc.fr>

락블랑 산장은 2019 영업 여부가 불투명하다. 4월 1일이 되어서야 최종적으로 알게 되어 샤모니에서 백업으로 정한 호텔을 이용했다. 자연스럽게 샤모니를 베이스캠프로 하고, 브레방 전망대에서 몽테 고개와 레 우슈를 산행하는 일정으로 조정하였다.

7월 12일은 아르페트 산장에서 아르페트와 발므 고개를 넘어가기 위해 샤라미용 산장을 예약했으나, 동선이 너무 길어 샤라미용 산장을 취소했다. 취소 후 7월 12일은 르퓨티 산장Le Peuty으로 바꾸고 montourdumontblanc을 통해 3월 8일 예약을 확인했다.

샤모니 도심의 라 크로와 블랑슈La Croix Blanche 호텔은 12월에 플뢰르 데네이지Fleur des Neiges 호텔과 쿠르마유르의 타르베니에 호텔은 올 1월 말경에 BOOKING.COM을 통해 예약하였고 조식을 포함하였다.

정리하면 총 11박 중에 샤모니 호텔 3박, 쿠르마유르 호텔 1박, 산장 7박을 하였다.

숙소비용

D+11 비용은 샤모니에서 제네바 이동 Alpybus 교통비이다. 12명이어서 개별단독 형태로 빌리는 것이 더 경제적이다. 그 밖에 점심 때 음료수 혹은 맥주, 저녁 때 와인 등 비용은 전부 별도이다.

숙박 일정·장소·비용

(단위: 유로)

D+ day	Date	장소	숙소	비용	비고
0	7.05 Fri	Chamonix	La Croix Blanche	718	조식 - 도시세 별도
1	7.06 Sat	Les Contamines	Ref Nant Borrant	528	44×12
2	7.07 Sun	Les Chapieux	Ref de Mottets	674	58×4 + 48×8
3	7.08 Mon	Courmayeur	Hotel Tavernier	487	조식 - 도시세 별도
4	7.09 Tue	Courmayeur	Bonatti	660	55×12
5	7.10 Wed	La Fouly	Hotel Edelweiss	828	69×12 CHF
6	7.11 Thu	Champex	Relais d'Arpette	828	69×12 CHF
7	7.12 Fri	Trient	Refudge Le PEUTY	780	65×12 CHF
8	7.13 Sat	Chamonix	Fleur des Neiges	456	조식 - 도시세 별도
9	7.14 Sun	Chamonix	La Croix Blanche	714	6인 2박 조식 - 도시세 별도
10		Chamonix	Villa Leon	461	6인 2박
11	7.16 Tue	La Croix Blanche	Hotel-GVA	234	Alpybus 12 persons - private

교통편 빛 몽블랑 패스

샤모니로 가는 가장 간편한 방법은 스위스 제네바 공항에서 버스를 이용하는 것이다.

ALPYBUS

Door to Door 서비스로 여러 명일 때 매우 편하다.

혼자인 경우는 버스를 이용하는 것이 저렴하나 숙소까지 가려면 짐을 끌고 샤모니 쉬드 터미널에서 내려 버스 혹은 택시를 이용해야 한다.

www.alpybus.com

시내 교통편

샤모니 모든 숙소에서는 무료 교통카드를 제공하며 버스 혹은 기차를 탈 때 필요하다.

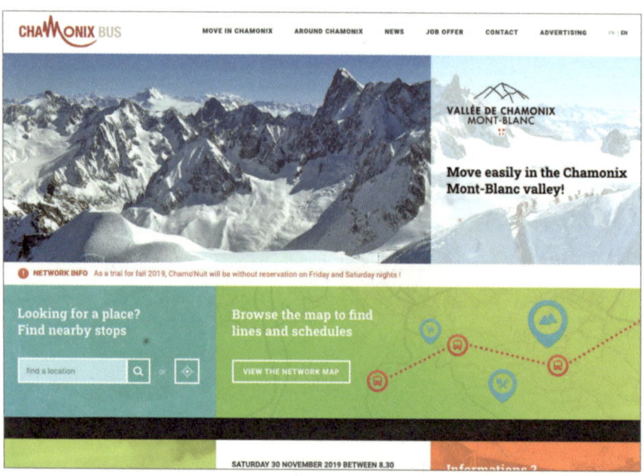

http://chamonix.montblancbus.com/en

버스 노선은 매우 간단하여 TMB 시작하는 벨뷔역 케이블카로 가려면 샤모니에서 레 우슈 방향으로 30분 간격으로 있는 01번 버스를 이용한다. (겨울은 1시간 간격)

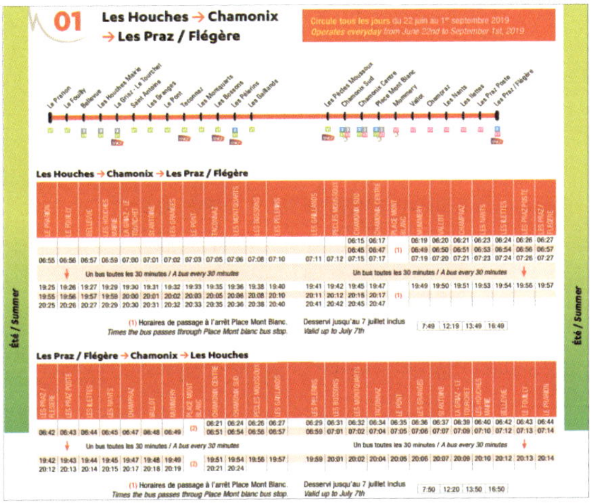

발므 고개를 넘어 르 투어Le Tour로 들어오게 될 때는 샤보니 방향은 30분 간격으로 있는 02번 버스를 이용한다.

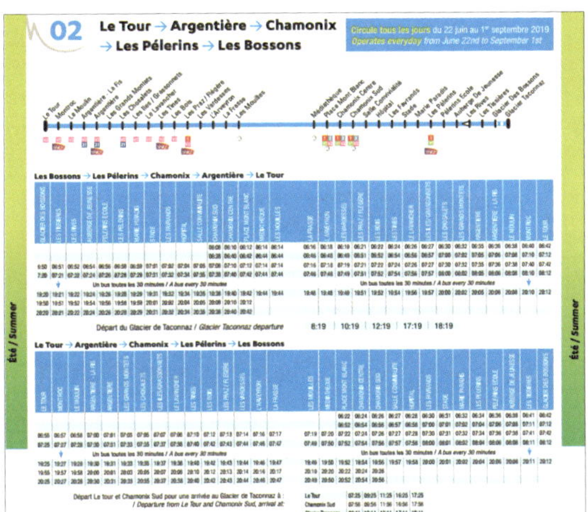

몽블랑 멀티패스

에귀뒤미디 전망대를 가기 위해 1일권(67유로)을 구입한다. 패스는 연속권 비연속권 두 가지가 있으며 우리 경우 에귀뒤미디Aig du Midi 케이블을 7월 5일 타고 6일 벨뷔 케이블카 14, 15 브레방 케이블카를 타야 하는 일정이 있어 비연속 4일권(2주간 유효)으로 구매하는 것이 더 경제적이었다.

HIGH SEASON RATES NON CONSECUTIVE DAYS.
FROM 2/05/2019 TO 30/11/2019

	ADULT 15-64 YEARS	YOUNG 5-14 YEARS	SENIOR 65-79 YEARS	VETERAN 80 YEARS AND +	FAMILY 2 ADULTS +2 YOUTHS
2 DAYS*	89,00€	75,70€	75,70€	44,50€	276,00€
3 DAYS*	103,50€	88,00€	88,00€	51,80€	320,90€
*: To be used over a period of 7 consecutive calendar days					
4 DAYS**	116,50€	99,00€	99,00€	58,30€	361,10€
5 DAYS**	127,50€	108,40€	108,40€	63,80€	395,30€

그러나 날씨가 나쁘거나 혼잡하여 에귀뒤미디를 못 갈 경우에는 연속권 패스보다 개별 케이블권을 구입하는 것이 더 경제적일 수 있으니 꼼꼼히 검토하는 게 좋다.

HIGH SEASON RATES CONSECUTIVE DAYS.
FROM 2/05/2019 TO 30/11/2019

	ADULT 15-64 YEARS	YOUNG 5-14 YEARS	SENIOR 65-79 YEARS	VETERAN 80 YEARS AND +	FAMILY 2 ADULTS +2 YOUTHS
1 DAY	67,00€	57,00€	57,00€	33,50€	207,80€
2 DAYS	80,00€	68,00€	68,00€	40,00€	248,00€
3 DAYS	89,50€	76,10€	76,10€	44,80€	277,50€
4 DAYS	103,50€	88,00€	88,00€	51,80€	320,90€
5 DAYS	116,50€	99,00€	99,00€	58,30€	361,10€

에귀뒤미디 전망대와 몽탕베르 트레킹

에귀뒤미디는 샤모니의 대표적인 관광명소이므로 항상 번잡하며 하루 정도의 시간의 여유를 가지는 것이 좋다. 아침 일찍 오르면 상대적으로 구름이 적고 유리 전망대에서 전망사진을 찍을 때 역광이 아니어서 좋다. 오후엔 단체 팀도 많고 대기가 길어 오래 기다린다.

우리는 7월 5일 도착하는 시간에 맞추어 1시 예약을 하고 갔다. 그러나 샤모니 도착 후 짐을 호텔에 두고 역에 가니 12시 반경이고 30~40분 대기한 후 13시 20분에 탑승하여 플랑 드 레귀 중간역에서 갈아타고 곧장 전망대로 갔다. 전망대에선 1시간 30분 후 내려갈 수 있는 탑승번호를 준다.

온라인 예약 www.montblancnaturalresort.com

탑승일 기준 1주일 전에 예약할 수 있으며 티켓은 현지에서 산다.

예약하기 위해서는 미리 샤모니 공식 홈페이지에서 아이디를 만들어 두는 것이 필요하다. 패스는 미리 구입할 필요는 없다.

1인당 7명까지 예약이 가능하다. 7월 5일 경우 일주일 전이 6월 28일이므로 파리 기준 0시라 가정하면 한국시간 아침 7시 이후에 예약을 시도한다.

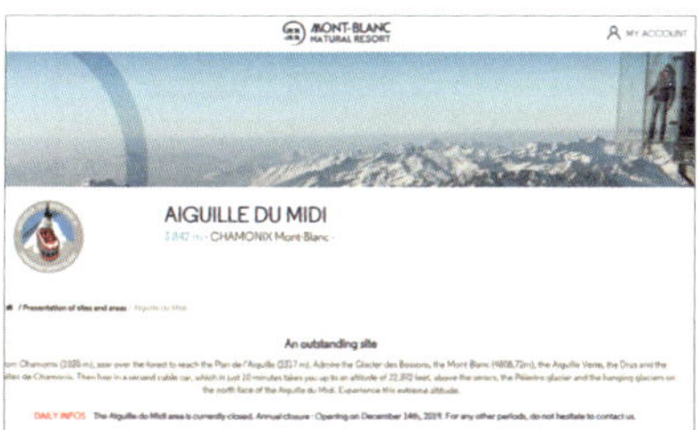

에귀뒤미디 케이블카 상황
https://www.montblancnaturalresort.com/en/aiguille-du-midi

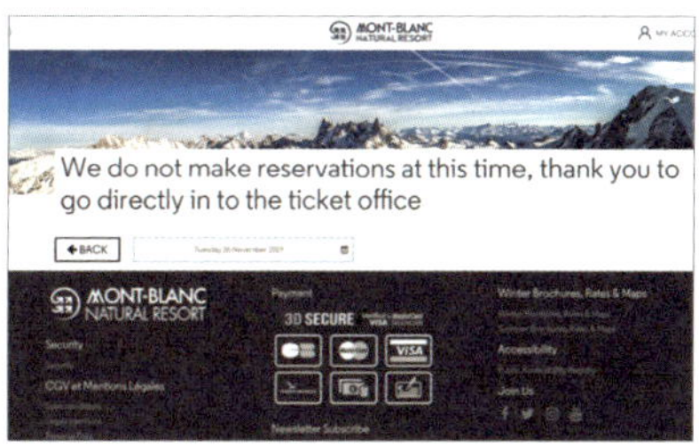

에귀뒤미디 케이블카 탑승예약
https://www.montblancnaturalresort.com/en/booking/list

플랑 드 레귀-몽탕베르 트레킹 Plan de l'Aiguille du Midi-Montenvers

• 구간정보: 6km 2h 15 ↗ 140 ↘ 523

• 산행추천시기: 6월 15일~10월 31일

• 산행정보

에귀뒤미디 전망대로 오르는 중간역인 플랑 드 레귀역2310m에서 2.5시간 정도 하이킹이다. 톱니바퀴 산악열차의 종착역인 몽땅베르역까지 내려갈 수 있으며 유명한 얼음동굴과 메르데 그라스 빙하를 관람할 수 있다. 역에서 곧장 샤모니로 곧장 내려가는 길을 택하지 말고 la Taipa에서 오른쪽으로 가는 평탄한 길을 택한다.

개울을 건넌 후 빙하 따라 내려가면서 샤모니로 빠지는 왼쪽 길은 무시하고 le Grand Chalet 방향으로 간다. 몽블랑과 에귀뒤미디 봉의 멋진 자태를 감상하면서 2071m 교차지점(눈이 있을 경우 조심)을 지나면 구간의 중간 고점인 Signal Forbes2198m에 다다른다.

여기서 종전과는 달라진 풍광을 감상한 후 구불구불한 길을 따라 몽테베르역으로 하산한다. 우리는 오후 1시 30분에 에귀뒤미디 전망대를 올라가 조망 사진 찍으려고 대기하고 이곳저곳 구경하고 플랑 드 레귀역에 내려가니 3.5~4시가 되어 원래 계획한 몽탕베르 트레킹을 할 수가 없었다.

아직은 성수기가 아니어서 7월 5일까지는 몽탕베르역에서 샤모니 가는 등산열차 막차가 오후 5시이다. 그래서 얼음동굴을 구경한 후 샤모니까지 걸어 내려가는 것이 TMB 장도를 위해 부담스러워 포기한다. 대신 플랑 드 레귀역에서 맥주를 먹으며 아쉬움을 달래 본다. 이 트레킹을 하려면 오전에 에귀뒤미디 전망대를 오르고 여유 있게 오후에 트레킹한 다음 몽탕베르역에서 막차 시간을 고려하면서 얼음궁전을 관광하는 것이 좋을 듯하다.

MONT-BLANC NATURAL RESORT　MY ACCOUNT　CA

SUMMER 2019

TIMETABLES MONTENVERS

Date	Opening	Last departure to visit the Ice Cave	Last departure from Chamonix	Last Descent from Montenvers	Frequency
From 1st May until 12th July 2019	08:30 Departure from 9:00 & 17:00 optionnals	15:00 NB : Gondola & Ice Cave CLOSED : from May 6th to May 10th included + from June 3rd to June 7th included	16:30	17:00 Return from 9:30 optionnals	Every 30 min or 20 min according to demand
From 13th July until 25th August 2019	08:00	16:30	18:00	18:30	Every 30 min (from 8:00 to 10:00) or 20 min (from 10:00 to 18:00) according to demand
From 26th August until 8th September 2019	08:30 9:00 departure : optional	15:30	17:00	17:30 9:30 return : optional	Every 30 min
From 9th September until 29th September 2019	08:30 9:00 departure : optional	15:00	16:30	17:00 9:30 : optional	
Closure from 30th of September (in the morning) until 18th October 2019 inclusive	Annual closure : works. WARNING !!!! If gondola work, dates likely to be reviewed.				
From 19th October until 13th December 2019	10:00 11:30 13:00 14:00 15:00 16:00	NB : Gondola & Ice Cave CLOSED : 30th of September until 13rd of December included	16:00	11:00 12:00 13:30 14:30 15:30 16:30	According to the frequency below

오프라인 지도 구하기

국내는 물론 해외에서 산행을 할 때는 지도가 있어야 마음을 놓을 수 있다. 그런데 산에서는 통신이 원할하지 못하므로 오프라인 지도가 필요하다.

안드로이드 스마트폰 용으로 OSM에서 만든 알프스 지도를 받아가면 매우 유용하다. 일단 윈도우에서 작업하는 걸로 설명한다.

✓ 네이버에서 www.OpenAndroMaps.org/en으로 들어간다.

✓ 상단 메뉴 Map Downloads 에서 유럽 zone을 선택한다.

✓ Name 항목에서 Alps 를 DOWNLOAD 한다.(크기 1823MB)

✓ 상단메뉴 Map Style 에서 사용하는 GPS 앱에 맞는 테마를 다운받는다. (▶선택사항)

✓ 각자 스마트폰 맵(오룩스, 로커스 등)에 설정된 지도 위치로 복사한 후 지도를 활성화한다.

이 부분은 네이버 등에서 검색하면 쉽게 따라 할 수 있다.

경로 파일 GPX 구하기

TMB 각 구간에 대해 자세히 설명한 책은 Kev Reynolds의 “The Tour of Mont Blanc”으로 서양 하이커들에겐 TMB 바이블로 통한다.

TMB 루트는 워낙 표시가 잘 되어 있어 길을 잃어버리기는 쉽지 않지만 그래도 보완책으로 경로 파일을 준비하는 것도 좋다. TMB 경로 파일은 구글에서 “TMB GPX” 로 검색하여 조금만 살펴보면 구할 수 있다. GPX 파일을 구할 수 있는 주요 사이트로는 www.gpsies.com이 있다. 다만 각자 가고 오는 일정이 달라 받은 후 수정을 해야 한다.

이러한 작업들은 처음에는 쉽게 안 되어 GPX Route Editor를 많이 쓰지만 구글에서 'gpx 편집'으로 검색 후 마음에 드는 툴을 이용하는 것도 좋다. 우리가 다녀온 경로 파일을 원하는 독자는 저자에게 메일을 보내기 바란다.

ALPS 지도를 설치한 LocusMap으로 나타낸 TMB 4일 차 베르토네 산장 방향 산행경로

EPILOGUE

내가 거기 있었구나!

살다 보면 누구도 알 수 없는 뜻밖의 일이 닥쳐오는 것이 있다. 이번 여행이 그랬다. 뜻밖의 선물이었다. 마터호른과 몽블랑을 한 번에 다녀오리라고는 상상도 못했다. 그것도 여행과 걷기를 함께한 것은 예상 밖이었다. 그리고 시작과 끝이 분명하였다.

아침에 일어나면 해가 떠있는 모습이 보였다. 어느 산장에서도 빵 굽는 냄새가 새로웠다. 오늘 걸어갈 길의 지도를 보면서 시간과 거리를 상상하면 하루가 즐거웠다.

점심을 먹으면서 해가 중천에 떠있구나! 내가 풍경 속에 아직도 있구나! 내가 중심이 되어 하루를, 한 시간을 보냈다. 길을 걸으면서 행복했다. 햇빛 속에 서 있는 빨강, 노랑, 파랑 꽃들을 만날 때마다 가슴이 뛰었다.

해가 저물어가면서 계곡과 산이 만들어내는 황혼을 고즈넉이 바라보면 흡족하였다. 저녁 이후 시간이 되면 땅의 향기를 품은 밤하늘은 어둠 속에서 찬란하였다. 그렇게 모든 것은 나와, 시간과 함께 흘러갔다.

그러면서 행복이란 소박하고 단순하고 내 삶의 일상성 속에 있음을 알려주었다. 몽블랑은 단순하였다. 먹고, 걷고, 보고, 느끼면서 몸이 만족하였다. 내 몸이 만족하자, 내 영혼도 편안해졌다.

우리는 주변을 아니 사물을, 사람을 유심히 보지 않고 지나갔음을 알았다. 매일 같이 주변을 대하면서, 사람을 대하면서 일상으로 스쳐 지나쳤음을 알겠다.

누구든 보고, 듣고, 느끼기를 바라면 조급해서는 안 되었다. 이번 몽블랑 걷기는 "서두르지 마라~"가 목표였다. 서두르면 모든 것이 끝장이었다. 서두르면 보지 못하고, 서두르면 실수하고, 서두르면 놓쳤다.

인생은 물의 흐름과도 같았다. 처음 알프스 빙하 속에서 물은 꿈틀거리며 움직였다. 억겁의 세월을 기다리면서 천천히 아주 조금씩 움직여 물의 길을 만들었다. 물길이 만들어지면 물은 거침없이 흘렀다. 알프스의 물길은 언제나 거침이 없었다.

몽블랑을 다녀와서 주대환 대표님과 도봉을 걸었다. 이병주 선생의 "북한산 찬가"를 논하였다. "나는 북한산과의 만남을 계기로 인생 이전과 인생

이후로 나눈다." 하면서 내가 겪은 모든 굴욕은 스스로 사서 당한 굴욕이고, 나의 좌절과 실패는 오로지 그 원인이 자신에게 있다는 이병주 참회록을 만났다.

그동안 나도 내 삶과 관련하여 백두대간을 만난 이전과 이후로 나누어 설명했었다. 세상을 말하는 틀은 같았다. 방향은 이렇게 다를 수 있을까를 스스로 물었다.

그리고 원인도 달랐다. 내가 당한 굴욕은 힘이 없어 당했다. 나의 좌절과 실패는 나에게 있는 것이 아니라 세상이 나를 알아주지 않았다고 투정을 부렸다.

왠지 샤모니 몽록에서 만난 나무조각 얼굴이 떠올랐다. 다시 한번 사진들을 또렷하게 바라보았다. 뭉툭하고, 소박하고 못생긴 조각상이 눈에 띄었다. 내 얼굴에 웃음이 지어졌다.

내가 거기 있었구나!

생각해보니 세상 어디에서든 나의 얼굴을 찾으려면 찾을 수 있었다. 조각상들은 어느 나라에서 만나도 무엇인가 부족하고, 좌절하고, 실패하였으면서도 아직 끝까지 버티는 사람이었다. 그래 내 생의 좌절과 실패는 나에게 있었다.

이번 마터호른과 몽블랑 트레킹은 나를 새롭게 돌아보는 계기가 되었다. 행복하게 보이는 것보다 자신이 행복한 것이 중요하였다. 잃어버렸던 삶의 온기를 찾는 것도 나부터 시작됨을 알았다. 일상성 속에 나의 삶이 있었고, 그 삶의 중심도 나였음을 깨달았다.

부족하나 경복고 선배들과 함께한 이야기들을 책자로 내어 기록을 남기자고 하여 글을 쓰게 되었으나 괜한 넋두리도 많았다. 집사람에게 먼저 감사한다. 내용을 꼼꼼히 봐주었다. 나의 재혁이와 재윤이, 재경이 모두 많은 조언을 해주었다.

채문식 캡틴은 구글 지도와 고도자료를, 김종철 형은 사진을 도와주셨다. 이현숙 님은 맞춤법을, 최슬기 팀장은 지도와 자료편집을 맡아주어 많은 힘이 되었다. 실크로드의 편집진에게 감사드린다.

이 필 형

몽블랑 하늘로 가는 길목

마터호른과 몽블랑, 함께 끝까지 걷는 길

초판 1쇄 인쇄 · 2019년 12월 20일
초판 2쇄 발행 · 2020년 01월 30일

지은이 · 이필형
사　진 · 이필형 김종철 채문식
발행인 · 황정필
발행처 · 실크로드

주　소 · 경기도 파주시 광인사길 103, 303호
전　화 · 031-955-6333~4
팩　스 · 031-955-6335

등록번호 · 제2010-000035호
이메일 · silkroad6333@daum.net

ISBN 978-89-94893-33-4(03800)
책값은 책표지 뒤에 있습니다.

이 도서의 국립중앙도서관 출판예정도서목록(CIP)은 서지정보유통지원시스템 홈페이지(http://seoji.nl.go.kr)와 국가자료종합목록 구축시스템(http://kolis-net.nl.go.kr)에서 이용하실 수 있습니다. (CIP제어번호: CIP2019050034)